《中国大运河文化》研究文丛

中國大運河文化 卷五

周伟菎　主编

中国大地出版社

·北　京·

图书在版编目（CIP）数据

中国大运河文化. 卷五 / 周伟苠主编. — 北京：中国大地出版社，2024.4
（中国大运河文化研究文丛 / 周伟苠主编）
ISBN 978-7-5200-1225-6

Ⅰ. ①中… Ⅱ. ①周… Ⅲ. ①大运河—文化研究—中国 Ⅳ. ①K928.42

中国国家版本馆CIP数据核字(2024)第009438号

ZHONGGUO DAYUNHE WENHUA (JUAN WU)

责任编辑：王一宾
责任校对：王　瑛
出版发行：中国大地出版社
社址邮编：北京市海淀区学院路31号，100083
电　　话：（010）66554646（邮购部）；（010）66554511（编辑室）
网　　址：https：//www.chinalandpress.clmpg.com
传　　真：（010）66554656
印　　刷：中煤（北京）印务有限公司
开　　本：787 mm × 1092 mm　1/16
印　　张：14.5
字　　数：220 千字
版　　次：2024 年 4 月北京第 1 版
印　　次：2024 年 4 月北京第 1 次印刷
定　　价：68.00 元
书　　号：ISBN 978-7-5200-1225-6

中国大运河文化 卷五

编委会

一、顾问

地法学分会副主任，自然资源部法律专家，司法部中国法网咨询专家组专家，首都国家安全智库专家）

二、主编与执行主编

主编：

周伟莨（中国作家协会全国代表大会代表，中国自然资源作家协会副主席，中国大地出版传媒集团大运河文化研究中心首席代表，《中国自然资源散文双年选》主编，苏州科技大学兼职教授，苏州职业大学客座教授等）

执行主编：

李建国（《北京周报》总编辑，曾任《今日中国》副总编辑兼今日中国出版社副总编辑等）

三、编委

彭　健（中国大地出版传媒集团党委副书记）

吴震强（自然资源部咨询研究中心特聘咨询委员，江苏省自然资源厅原党组成员、副厅长、巡视员）

宋时锐（大地控股发展有限公司总经理，自然资源科普产业联盟秘书长）

吴传玖（中国作家协会会员，西藏军区原副政治委员、少将，《中国诗界》主编，《新华文学》总编辑等）

李晓东（著名作家，中国作家协会社会联络部、权益保护办公室主任）

朱国强（江苏省文化投资管理集团有限公司党委委员、副总经理，江苏大运文化旅游发展有限公司董事长）

苗　莉（《散文百家》原社长，中国作家协会会员，河北省作家协会理事，邢台市作家协会主席）

四、编辑组

卷首语

运河之水已经流淌千年，它既是通江达海的自然之水，又是穿越时空的文化之水。文化总使人产生亲近的冲动，而亲近大运河也已成为一种新的“时尚”。

“运河专访”篇是本书重点。金秋时节，“中国作家运河行 · 走进运河城市”第二站走进了苏州古城。苏州市委常委、苏州国家历史文化名城保护区党工委书记方文浜会见了采风团一行。组委会委派作家杨沐对方文浜书记进行专访，方文浜就古城保护更新、大运河文化带建设等方面进行了交流。专访稿全方位呈现了面向世界贡献古城保护的苏州方案和展现中国文化自信的苏州样本。“通州运河上的船工号子”，在地域上与苏州古城保护南北呼应，通过对运河号子的叙事，展示了运河岸边人们的生活模式，那号子的音腔、音色、音律、音调，随运河之水翻滚而来。

“运河前沿”篇既有理论探讨，又有现实研究，让我们带着思考去阅读。大运河有着包容和开放的天然属性，徐霞客的足迹与大运河有着丰富的交集，大运河文化与徐霞客精神都很好地诠释了人与自然的关系，体现了科学的精神，这是中华优秀传统文化的交融。大运河研究专家姜师立的《两宋都城选择的运河动因及城市遗产的保护利用》告诉我们，无论是北宋定都汴梁，还是南宋定都临安，根本的动因都是大运河。在大运河最亮丽的苏州段上，苏州高新区统筹大运河文化带建设，赓续运河历史文脉的经验和举措，对运河沿线城市有着积极的借鉴和指导意义。

“运河走笔”篇依然精彩。刘琼的《南下，北上》既是足迹的行走，也是精神的游弋，更是情感的抚摸。《千年惠济桥》的笔墨从一座桥荡开，那是历经千年风雨、承载着城池喜怒的桥。严新东最拿手的是填词，而他的随笔《扬州览胜》也游刃有余，引经据典，娓娓道来。《夜游苏州运河》则带领读者在运河的水上，乘着画舫，推开涂着清漆的木质雕花小窗，领略水城苏州。《我与大运河的记忆篇章》从大运河的往事说起，史海钩沉、记忆沉淀，让风掠过水面，让拍打在岸上的浪潮声记住那些诗句、那些故事。

“中国作家运河行 · 走进姑苏”篇，精彩纷呈。古城的历史和烟火，风雅与浪漫，不仅浸润在古老的运河中，也印刻在平江路等街巷里，流淌在作家的笔触中。中国自然资源作家协会主席陈国栋的《千年运河美姑苏》，“触摸着季节的温情，执意秋色明净悠远，在梦里水乡、繁华姑苏留下一串串浅浅的印迹。”在作家、文学博士李晓东笔下，“张继的诗意、《红楼梦》的笔意、徐扬的画意，在这片钟灵毓秀的水乡，更美好地展开来。”读鲁迅文学奖获得者朱辉朴实的文字和作家何南轻巧的笔触，欣赏盘门、瑞光塔、吴门桥以及运河两岸粉墙黛瓦共同勾勒出的美丽姑苏。赵腊平的随笔则用严谨考究的文字，娓娓叙述了“大运河与苏州古城相伴相生”的历史画卷。读胡红拴《姑苏秋读（组诗）》，让我们随着诗人的篇章，一起走进诗情画意、隽永缤纷的姑苏古城，感受古城和运河的浪漫与诗意。

“运河故事”篇推出小说两篇，故事四则。《梅花落》讲述了一对青年从学生时代到步入社会后的爱情故事。《河畔、埠头和柳树》讲述了运河边上的人物情愫与地方情怀，令人回味无穷。《运河故事四则》分别写了彭祖巡河、运河织女坟、五雷寨、房儿寨等地名的故事，为我们留下了宝贵的文化传承资料。

“运河档案”篇进一步挖掘了大运河所蕴含的丰富传统文化。《运河文化与吴门医派》叙述了大运河与吴门医派的密切关系，大运河对吴门医派形成和发展及其在民生中的重要作用。《奋进艳阳天，建功新征程——宝应县“柳堡二妹子”民兵连记》讲述了“二妹子民兵连”成为全国“爱国拥军模范单位”和“全国公民道德建设先进典型”的故事，具有积极的现实意义。

“运河视角”篇继续推出宋举浦将军的大运河系列纪实摄影作品，本卷选发了他的山东段遗产点纪实作品下半部分。简洁而又内容丰富的文字，使一幅幅记录这条大河历史的图片瞬间变得更加鲜活而富有生命的张力。

“运河资讯”篇收录了刚刚过去的夏秋之际，我们共同“走大运河”留下的足迹。无论是由大运河文化研究中心牵头举办的“中国作家运河行”活动走进沧州和苏州，还是2022年首次活动的成果——《行走大运河》新书首发式在京的成功举办，“中国作家运河行”活动已成为颇具影响力的文化品牌。大运河文化研究中心举办课题调研座谈、与企业开展联合党课，大运河文化旅游博览会、运河非物质文化遗产旅游节、运河音乐节、运河慈善征文等各类活动，都在不断拓展大运河文化的巨大空间和更多可能。

运河水荡漾着人间百味，也承载着新的希望。编完这一卷，时令也已进入立冬。江南运河畔浒关大码头蚕里楼前的一排银杏树已经叶落枝疏，演示着又一个秋冬的交替。我们收获了这个秋天，也将在冬天施肥培土、补充养分，酝酿下一个生机勃发的春天。

2023年11月10日

目录

运河专访

苏州古城名扬世界。自 20 世纪 80 年代以来，苏州政府始终把古城保护作为城市发展的核心任务。古城保护在时间节点上被分为三个阶段：2025 年、2030 年、2035 年，届时，枕着河流进入梦乡的诗意，将与现代文明相融共生，古城人食四时之鲜，居园林之秀，听昆曲之雅，用苏工之美的『苏式生活』将成为日常。用他们的话说，那时进了古城的人们，仿佛置身于 2500 年前的历史时空，体验的却是即将到来的 2035 年。读了作家杨沐的这篇专访，读者似乎可以感受到这样的苏式生活。本篇推出的《通州运河上的船工号子》，在地域上与苏州古城保护篇南北呼应，通过运河上的船工叙事，展示了运河岸边人们的生活模式，那船工号子的音腔、音色、音律、音调，竟然随长江之浪翻滚而来，因运河而兴的城市里真实和虚构的故事也更加繁华起来了！

——陆德琮

面向世界贡献古城保护的苏州方案

——苏州市委常委、苏州国家历史文化名城保护区党工委书记、姑苏区委书记方文浜专访

杨　沐

2023年7月6日，习近平总书记在苏州市平江路考察期间指出：平江历史文化是传承弘扬中华优秀传统文化、加强社会主义精神文明建设的宝贵财富，要保护好、挖掘好、运用好，不仅要在物质形式上传承好，更要在心里传承好。

如何保护好苏州，苏州市委、市政府提出了明确目标：把古城放在中华文明上下五千年、中华民族伟大复兴的进程中定位和把握，面向世界贡献古城保护的苏州方案，提供展现中国文化自信的苏州样本。

苏州市委常委、苏州国家历史文化名城保护区党工委书记、姑苏区委书记方文浜

如何保护好最能代表江南文化精神内涵、最能体现城市软实力，也最能吸引世界各地对苏州向往的苏州古城，如何保护好、挖掘好、运用好苏州古城这个“苏州的心脏”，笔者采访了苏州市委常委、苏州国家历史文化名城保护区党工委书记、姑苏区委书记方文浜。

规划：2500年古城为核心　一张蓝图绘到底

一袭秋风送金黄。九月初，苏州古城平江路上的木樨花鹅黄初探，金橘微黄；临街人家的木桌上，“六月黄”烧毛豆，只见豆圆蟹黄，浓汁郁香；河里，木船欸乃着声响，戴靛蓝花布头巾的船娘唱着清音，咿咿呀呀。在离平江路二百米的长洲县学大成殿，虚拟数字影像播放着介绍苏州的宣传片，一一呈现着苏州的物质文化遗产和非物质文化遗产：苏州园林里的桃花绚烂；大运河（苏州段）岸的阊门高峻，山塘街上商铺林立、游人如织；宋锦织工分工合作，经线工一提线，纬线工一穿梭；烟柳婆娑的深处，昆曲典雅念白：“三万六千容易过，人生只合住苏州。”

“怎样保护中国人心中的姑苏？怎么让现在的中国人依然从心底里认为‘人生只合住苏州’？这是城市的公仆、人民的公仆每天都在考虑的事情。毫无疑问，在古城保护上就是要坚持保护好、挖掘好、运用好。”方文浜书记从明朝诗人沈明臣的《苏州曲》打开话题：“首先是保护。怎么保护？我们的一个原则就是，一张蓝图绘到底。”

早在20世纪80年代，处于苏州城市中心的古城承载能力已经达到上限。1982年苏州开始制订的《苏州市城市总体规划（1985—2000年）》中就提出“全面保护古城风貌，积极建设现代化新区”，从那时起，深谋远虑的苏州市政府就已经把古城保护视为城市建设的前提。1994年修订的《苏州市城市总体规划（1985—2000年）》，提出“一体两翼”的城市规划格局，以古城为中心，苏州工业园区和苏州高新区为东、西两翼。2012年底，苏州市又提出“一核四城”的战略，即以古城为核心，东边是综合商务城，西边是生态科技城，北边是高铁新城，南边是太湖新城。苏州的体量在增大，但依然把古城设为“核”。《苏州市国土空间总体规划（2021—2035年）》把苏州的城市性质定为：国家历史文化名城和风景旅游城市，国家先进制造业基地和产业科技创新中心，长三角世界级城市群重要中心城市。方文浜书记坚定地说：“从1982年开始到现在，苏州城市总体规划经过六版的修订，但无论城市总体规划如何演变，古城始终作为整体、作为核心存在，保护古城的思想一脉相承。”

2012年10月26日，苏州将原平江、沧浪、金阊三个老城区合并，设立姑苏区，同时也是全国首个和目前唯一一个国家历史文化名城保护区。2015年，苏州市出台《关于加强苏州国家历史文化名城保护和管理的意见》，明确了“以块为主、条块结合”的原则，姑苏区承担古城保护主体责任。

“这意味着，苏州古城保护更新的重任落在姑苏区每一届领导班子的肩头。如何保护，如何提升，我们都有规划和蓝图。2019年，苏州市出台了《苏州历史文化名城保护提升总体方案》，姑苏区也相应编制了《姑苏区分区规划暨城市更新规划（2020—2035年）》以及《苏州古城历史地段保护与发展规划》。这就是我们的蓝图，我们就是要一任接着一任干，把这个蓝图变成现实。”

在大成殿里的一块展板上，展示着一幅南宋时期刻绘的平江府城市地图——《平江图》。在它的左侧，是一张2023年3月拍摄的平江历史文化街区的卫星图，对比两张图可以发现，近800年的岁月流转，平江路水陆并行、河街相邻的水乡格局延续至今。

“平江历史文化街区是我们重点保护更新的一个历史文化片区，其他片区，如虎丘片区、桃花坞片区、32号街坊、五卅路子城片区、过云楼—怡园片区、阊门片区等，也都在齐头并进推进中。”话题转入古城保护更新，方文浜书记如数家珍。

保护：一巷一设计　一宅一方案

姑苏区乃至苏州市，都把面向世界贡献古城保护的“苏州方案”作为工作目标。“苏州方案”既包括上述苏州市政府出台的一系列具有前瞻性的、促进人与自然和谐共生的总体规划，也包括一个街区、一条河流、一个小巷、一栋故居（老宅）的保护和更新。以平江历史文化街区为例，方文浜书记向我们展示了“苏州方案”在街区保护更新上的具体做法。

多年来，苏州各级政府下了大力气保护、更新平江路。2004年，联合国教科文组织第28届世界遗产委员会对平江路风貌保护与环境整治工程的评价是：该项目是城市复兴的一个典范。在历史风貌保护、社会结构维护、实施操作模式等方面的突出表现，证明了平江历史街区是可以走向永续发展的。2015年，平江路被住房和城乡建设部、国家文物局公布为第一批中国历史文化街区。经过20多年持续地呵护与更新，平江路修旧如旧、风貌如故，居民生活其中，诗意和烟火气并存。

“我们现在正在打造的‘平江九巷’依然遵循‘修旧如旧’的总原则，我们的提法是：‘外面看起来2500年，走进去体验2035年’，就是既要保留苏州古城2500年的历史积淀，又要让硬件设施、软件水准向2035年现代化的标准看齐，做到让历史文化与现代生活融为一体。”方文浜书记介绍说，“在这一轮古城保护更新中，我们的力度更大，更具有时代性、全局性，也希望形成更多经验。我们现在实行‘点、线、面’结合的保护、更新措施，就是希望‘让城市留住记忆，让人们记住乡愁’，让古城焕发新的生机和魅力。”

方文浜书记（中）现场调研观前片区

方文浜书记在会见“中国作家运河行”代表团一行后，接受笔者的专访时进一步介绍了“点、线、面”结合的古城保护、更新是如何展开的。

“在‘点’上，我们注重‘精细管理’，坚持‘一宅一策’。在修缮古宅的同时，研究古宅今后的发展定位和运营方向。在‘线’上，我们注重‘整体焕新’，以街巷为单位，按照‘一巷一特色，一巷一品牌’的思路，专门研究专门设计，以提升街巷整体风貌。以‘平江九巷’为例，我们对平江路西侧九条街巷逐一进行打造，推动平江路与观前街的人流互通，实现“景区+商圈”联动发展。在‘面’上，我们注重“成片保护”，将平江片区作为探索成片保护模式的第一个试点区域，按照‘渐进式、微更新’片区保护更新模式，在每一个小项目上都做足‘绣花’功夫，最终整体提高街区环境品质，满足群众多样化的物质文化需求。平江片区比其他片区先行了一步，它的经验做法可以在其他片区的保护更新中借鉴。”

笔者了解到，姑苏区在古城保护更新中，有许多新颖的做法。他们首创了“古城细胞解剖工程”：2020年起，姑苏区将古城的每一处历史遗存看成古城细胞，着手对历史城区内所有的古房、古井、古桥、古树等进行深度调查，利用数字技术，为每一处历史遗存办一张“身份证”，绘制出一份可长期参考的数字地图。他们另一个新颖做法是：在古城保护、更新中推行江苏率先在全国部署实施的“科技镇长团”，充分利用苏州人才济济的优势，让管理智慧、科技手段、传统文化赋能古城保护更新。“古城细胞解剖工程”和“科技镇长团”的结合，完成了一项在过去古城保护中无法实现的大工程：对19类保护对象进行了全面普查，创建CIM+“数字孪生古城”。这项工作的目标是古城全要素数字化，既可以实现足不出户“云游”古城，又为古城保存一份数字化的原始档案。

据了解，姑苏区在古城保护更新中坚持“世界眼光、国际标准、中国特色、高点定位”，以达到古宅“形态”、产业“业态”、文化“神态”、古城“生态”的统一。

挖掘：一食一居、一赏一用　苏式生活典范

“中国作家运河行”代表团的一行人乘船游大运河。在船上，解说员也是一位评弹演员，一曲《苏州好风光》唱得游人融化在吴侬软语里。从五水汇集的白居易码头上岸，我们逆着熙熙攘攘的游人穿行在山塘历史文化街区主街，空气中飘着桂花糕、蟹壳黄、糖炒栗子、碧螺春茶的香气，一路参观宋锦织机、苏绣绣工、苏扇制作，最后拐进山塘街玉涵堂，听了一折昆曲《牡丹亭·游园惊梦》：“不到园林，怎知春色如许。”

“这就是我们希望达到的诗意和人间烟火气并存的苏州现代生活景象。我们就是要把评弹置于游船上、昆曲置于街巷戏馆和园林古宅里，让宋锦、缂丝、苏绣、桃花坞木版年画这些非物质文化遗产工艺和产品，放到游人能看得到的地方，让游人想买也能买得起。”方文浜书记在会见“中国作家运河行”作家代表

方文浜书记（中）考察具有200多年历史的苏州评弹剧场——光裕书厅

团时说道。

姑苏区现有吴地端午、苏绣、苏扇、玉雕等各类非物质文化遗产代表性项目100项，其中世界级1项、国家级2项、省级8项，更有沧浪亭、拙政园等8处古典园林和大运河5个核心点段列入《世界文化遗产名录》，平江路、山塘街2条国家历史文化名街业已享誉中外，松鹤楼等17家“中华老字号”、苏州博物馆等41家各类博物馆集聚在古城。“老祖宗留给我们的这些历史文化遗产都是我们研究的对象。怎样保护、怎样传承、怎样发展，我们都在逐一研究对策。我们的总原则是：让文物活起来，让文化潮起来，让文旅旺起来，聚焦‘物’的保护、‘艺’的传承、‘人’的培养，在非物质文化遗产保护、传承、发展方面，同样拿出我们的苏州方案。”方文浜书记对保护区非物质文化遗产项目的熟识令人赞叹。

“不管是物质遗产还是非物质文化遗产，只有融入生活，它才能‘活’起来，它才可能推陈出新，有所发展。放到那里不动、不用，无论是园林、运河还是苏绣、宋锦，它就‘死’了，特别是‘非物质文化遗产’，它就有可能淡出我们的生活。”

“所以，我们的大运河、外城河一直在保护，也一直在使用。2022年年底，大运河苏州段从4级航道上升至3级航道，在耦园开设婚姻登记服务中心。2023年又启用了苏昆剧院婚姻登记服务中心，这就是让婚姻登记这件人生大事，通过园林、昆曲加以‘江南美学’化，让江南美学真正融入苏州人的生活方式中。非物质文化遗产项目桃花坞木版年画展示中心将于10月26日在昭庆寺内正式对外开放。我们做这些，就是要让更多中华优秀传统文化走进老百姓的生活，打造最能代表江南文化的精神内涵，最能体现城市软实力，也最能吸引世界各地对苏州向往的‘苏式生活典范’。”

“苏式生活典范”是一个很新颖的词汇，在笔者的追问下，作为苏州人的方文浜书记颇为欢喜地讲述了“苏式生活典范”的内涵：“‘食四时之鲜，居园林之秀，听昆曲之雅，用苏工之美。’这里的每一项都可以细分，而我们作为苏州古城的守护者、建设者，就是要把每一项落实好。”

运用：使用是最好的保护　交易是最好的传承

2021年7月，54岁的方文浜出任苏州国家历史文化名城保护区党工委书记、姑苏区委书记。在此之前，他分别在苏州工业园区工作了17年，在苏州高新区前后工作了8年，又在宿迁市挂职副市长近3年半。他对在一片空白区域上建新城、创新业颇有心得，于两年多年前调至保护区、姑苏区，面对的是要保护更新发展好一座拥有2500多年历史的古城，“这显然是个新课题。”方文浜书记在接受笔者采访时说。

“苏州市先后编制过六版《苏州市城市总体规划》，每一版城市规划都把古城作为苏州城市发展的‘根’和‘魂’，保护更新古城是每一届政府的任务。目标定了，就要拿出保护古城的具体方案。在这个过程中我们充分认识到，保护古城必须因地制宜，找到适合我们的办法。姑苏区的实际情况是什么呢？来了以后我发现，这里经济总量小、历史欠账多，存在大量老旧小区、背街小巷，等等。但是我们也有古建老宅，有苏州园林、非物质文化遗产项目等独特的资源，那么怎样将古城最大的优势转化为产业发展优势，怎样把古城变成投资热土、兴业沃土、创业乐土，怎样对标习近平总书记期许的‘代表未来发展的方向’，我们摸索出了‘使用是最好的保护、交易是最好的传承’这样的工作思路，推出古城保护更新‘伙伴计划’，依托苏州市公共资源交易平台，吸引各类有文化、有情怀、有能力的社会主体，参与古建老宅的保护修缮和活化利用，把它们变成企业VIP会客厅、变成高端精品酒店、变成博物馆与展览馆等。让他们和我们共同建设‘新时代的苏州园林’。”

“市委书记曹路宝到苏州工作以来，亲自关心、亲自研究、亲自部署、亲自推动古城保护更新发展工作，强调苏州古城是历史留给我们的宝贵财富，也是苏州有别于其他城市的独一无二的竞争资源。2022年4月30日，市委专门成立苏州国家历史文化名城保护工作领导小组，曹路宝书记、吴庆文市长担任第一组长和组长，相关市级部门和市属国企都是成员单位，领导小组办公室设在保护区、姑

方文浜书记（中）调研怡园历史文化街区

苏区，已经累计召开会议21次、落实推动议题218项，市区‘共同战壕’进一步筑牢。2022年6月18日，成立了注册资本达120亿元的苏州名城保护集团，作为古城保护更新实施项目的主要平台。苏州名城保护集团充分发挥国企的引领作用，与国家开发银行达成了历史城区内各类项目共500亿元的战略合作，目前首期260亿元的融资授信已经落地。保护区、姑苏区专门成立‘古城保护更新项目服务专班’，既是‘裁判员’，又是‘服务员’，既为项目服务，又保证项目达到‘一巷一设计、一宅一方案’的设计要求。”

据了解，姑苏区首批、第二批古城保护更新“伙伴计划”已先后于2023年6月18日、7月22日上线，推出包括唐寅故居、苏肇冰故居、隆庆别院等27处老宅合作项目。其中7.1万平方米的唐寅故居已经修缮更新完毕，于10月26日正式开街。该街区定位为馆院聚集地，包括产业综合街区片、展示馆、文化特色酒店等，目前整体招租率超过80%。“我们的保护更新项目大到一片街区，小到一个房间、一棵古树、一口古井，成熟一个开放一个，把资源变成产业，让群众安居乐业。”

事实上，古城保护更新不仅仅指历史文化街区、故居、老宅的保护更新，也包括对老旧小区的更新改造，街巷整体风貌的提升，交通的优化，教育、医疗、养老等方面的布局和服务的提升。“对于老旧小区的改造，我们主张改什么、怎么改，都由居民自己说了算，预计到2024年年底全区312个老旧小区将全部完成一轮改造，让群众实实在在感受到‘家门口的幸福’。”方文浜书记介绍说，8月31日，保护区、姑苏区发布了2023年第二批居民住宅更改项目，涉及17个小区，惠及219栋房屋，5186户居民。笔者到虎丘街道的西园路9号院探访，看到小区围墙已经用绿色防护板围起，本次对该小区改造的内容包括房屋修缮、道路翻新、更新更换路灯和楼道灯、楼内电线加以梳理，等等。

“我们保护更新古城、发展古城，最终是为了人民。习近平总书记视察平江路时称赞苏州‘生活在这里很有福气’。我们要把‘很有福气’变成具体的园林之美、生态之优、生活之便，打造‘面向所有人、为了所有人、成就所有人’的人民城市。”

方文浜书记是忙碌的，古城内百余个保护更新重点项目齐头并进，压茬推进。尽管全区一盘棋，但他也表示要“满怀敬畏之心，时时事事小心”。

“从我个人来说有这样一个认识，我们这些干部一届任期是五年，仅仅是古城2500年历史的千分之二，我们必须以珍爱之心、尊崇之心、敬畏之心善待古城。大胆设想，认真规划，踏踏实实落实，争取每一个项目都对得起前人，都能留得下给后人。”

愿景：一河一巷尽入画　一街一坊皆胜景

笔者了解到，苏州古城保护更新经过多年的努力取得良好成绩：“平江片区古建老宅活化利用”等5个项目，入选江苏省首批城市更新试点名单。保护区、姑苏区的城市更新行动，首次荣获江苏省政府督查激励表彰。吸引社会力量参与城市更新、探索老菜场更新的“市集模式”两项经验做法，纳入住房和城乡建设部实施的“城市更新行动可复制经验做法清单（第一批）”。所谓古城保护的“苏州方案”正在实践中逐步形成。

对于未来，方文浜书记表示，姑苏区将牢牢把握习近平总书记考察江苏时提出的“在推进中国式现代化中走在前做示范，谱写‘强富美高’新江苏现代化建设新篇章”的重大要求，按照2025年、2030年、2035年三个时间节点，定3年、谋8年、展望13年，进一步修订完善全区系列行动计划，并按照习近平总书记新的重要指示不断完善，推进一批具有牵引性的新的重大事项，确保习近平总书记重要讲话精神在姑苏落地生根、开花结果。

“我们展望，到2025年，‘全区系列三年行动计划’圆满实施，科技创新、强链补链延链、中华民族现代文明建设、社会治理现代化等重点领域工作取得重大进展；到2030年，‘保护更新老城、开发建设新城、新城反哺老城’的良性循环加快实现，苏州古城成为示范引领的‘江南文化’精华、独树一帜的历史文化名城和世人认同的苏式生活典范；到2035年，苏州古城是高水平展现中国式现代化的重要窗口，‘食四时之鲜、居园林之秀、听昆曲之雅、用苏工之美’的苏式生活典范成为日常，传统文化与现代文明相融共生。”

站在复制的清人徐扬所绘的巨幅《姑苏繁华图》下，方文浜书记声音洪亮、字字清朗地说：“历史把名扬世界的苏州古城交到我们手上，我们必须用心用情用力把古城保护好、挖掘好、运用好，面向世界贡献古城保护的苏州方案，提供展现中国文化自信的苏州样本。”

作家简介：杨沐，中国自然资源作家协会副主席，海南省作家协会原副主席。祖籍吴江，现居苏州。其代表作为长篇小说《双人舞》、长篇报告文学《南繁——筑牢中国饭碗的底座》，其中《南繁——筑牢中国饭碗的底座》获得中宣部第十六届“五个一工程”奖优秀图书奖。

通州运河上的船工号子

韩　梅

“远看通州城啊，好大一条船啊，高高燃灯塔啊，是那大桅杆哪，喂咳喂！钟鼓楼的舱啊，玉带河的缆啊，铁锚落在哪儿啦？张家湾呐……”近日，北京日报社演播厅里，80岁的通州区西集镇张各庄村大运河文化爱好者常富尧，身穿船工服，带着三位专家学者，唱起了豪迈的通州运河船工号子。

“这次表演，目的只有一个——唱响大运河沿线城市协同保护船工号子‘集结号’，能让多一个人关注，再累我们也乐意。”常富尧说。

通州运河号子传承人在北京日报社演播厅

无号子，不北京

这支表演队中，73岁的陈树林是北京市艺术研究所研究员、北京市文化局非遗处专家委员会成员，对于已经失去实际应用场景的通州运河船工号子，他总是乐此不疲地推广。

用常富尧的话说，老朋友陈树林是发掘、整理和保护通州运河船工号子的关键人物，没有他就没有今天的通州运河船工号子。

早在1987年，时任《中国民歌集成志书·北京卷》副主编的陈树林，就认识了正在各区县挖掘整理民歌的通县（今北京市通州区）文化馆职员常富尧。1988年6月7日，《中国民歌集成志书·北京卷》初审会上，陈树林发现初稿里没有通州运河船工号子。

“我当时就急了，提出必须补充通州运河船工号子。北京怎么可能没有船工号子呢，建造北京城的木材和城砖，都是从大运河通州码头载来的，那么多那么重的货物从南方运过来，没有号子哪行啊？于是，通县文化局就找到常富尧，常富尧下功夫到沿岸各村去找，还真就给找到了。”

不到一周时间找到14首

“1988年6月起，我骑着自行车，带一支钢笔、一个暖水壶、一台老式录音机，从通州东南向西北沿着北运河，几乎走遍两岸村庄，寻找通州运河船工号子。”常富尧说。

“第一首号子是北关盐滩村的王春荣唱给我的，他当年76岁，共唱了5首，第一首就是摇橹号。遗失80多年的通州运河船工号子失而复得，我喜出望外，边听边记，当时就把5首号子的曲谱和歌词全记下了。陈树林听说号子找到了，高兴得手舞足蹈起来。”常富尧回忆，陈树林鼓励我顺藤摸瓜，继续扩大战果。见我特别兴奋执着，王春荣向我推荐了同村的屈德全（当年77岁），他又为我唱了2首。在我的强烈要求下，屈老又向我推荐了同村的赵庆福（当年56岁），他给我唱得最多，先后有7首。

“王春荣、屈德全、赵庆福都是船户，从小听着父辈唱着船工号子长大，对号子很熟悉，因此他们一开口，或婉转悠扬，或热烈奔放，或紧张激烈，或诙谐幽默，无不透着通州运河文化特有的韵味。”常富尧说，我内心十分感谢陈树林的鼓励和坚持，也庆幸自己曾到这里收集过民歌，所以很快找对了地方找对了人。“就这样，花了不到7天时间，14首通州运河船工号子的曲谱和歌词跃然纸上，当年就全部入选《中国民歌集成志书·北京卷》。”

截至目前，常富尧收集整理的通州运河船工号子已达10个种类22首。10个种类中，起锚号、揽头冲船号、摇橹号、出舱号、立桅号、跑篷号、拉纤号、闯滩号、绞关号，都与劳动本身有关，而第10种与劳动无关，叫闲号——“船到码头，喊号人不为劳动而为和岸上人交流，唱些幽默风趣、自己开心愉悦别人的号子，这是作为京杭大运河漕运终点的通州特有的号子，在整个京杭大运河上也是独一份。”常富尧自豪地说。

“解系缆，搭撤板。起落锚，篙撑船。掌稳舵，立桅杆。升降篷，绳绕缠。齐摇橹，同呐喊。遇搁浅，共闯滩。进出港，装卸船。上下舱，号平缓。逆水行，靠拉纤。凑热闹，闲号连。入冬前，来绞关。拽上岸，养护兼。冬三月，找活干。家团聚，盼来年。”紧接着，常富尧给记者唱了一段顺口溜。他说：“为了便于在群众中传承，我编写了这段顺口溜，把通州运河船工的各种活路都包括进去了。”

自大运河修建以来，通州运河船工号子始终在船夫们的劳作中口口相传着。

大运河开凿于隋朝，但由于缺乏史料记载，运河船工号子的渊源，只能根据演唱者的回忆追溯到清道光年间。随着新时代科技的进步，机械化、自动化代替船夫劳动，传统船只逐步退出历史的舞台，通州运河号子演唱技艺慢慢失去生存的土壤。20世纪30年代水运衰落，1940年开始又赶上3年大旱，运河彻底断流，船工们都另谋职业，传唱的人数逐渐减少。从1987年起，经过常富尧老先生几十年如一日孜孜不倦、不懈努力，一点点收集整理挖掘大运河的历史文化。2006年，通州运河船工号子入选北京市首批非物质文化遗产，从此通州运河船工号子迎来新生。

作为通州运河船工号子的第四代传承人赵义强，还把运河船工号子带进了通州的校园，让孩子们也感受到古老的运河文化。目前，他已在几十所大中小学中，讲运河历史，教授运河船工号子。他并不追求孩子们唱得多么出色，更重要的是传达运河号子所体现的团结互助和吃苦耐劳的精神。

船工号子串起“一条大河”

“大运河是一条饱经风霜的人工河，注定它比自然河流具有更多的人文元素，其中最为灵动、保存最为完整和真实的代表性文化符号就是船工号子。号子与漕运船工的劳作相伴相随，凝聚着千年运河的文化精髓，也展现着大运河非凡的协同力。”中国音乐学院声乐歌剧系教授、博士研究生导师张天彤说。

元明清漕运鼎盛时期，“漕运昼夜不停，运河号子连天”，船工喊唱着运河号子，指引着漕船起锚、立桅、摇橹，一派繁盛景象。20世纪40年代，随着运河漕运功能的消失，运河号子也逐渐退出历史舞台。

“虽然漕运的历史已经结束，但是运河船工号子还在，团结协作、劳动创造幸福的精神还在。我们有责任去收集去整理去传唱。”张天彤说。

通州是京杭大运河的“龙头”“凤尾”，为了寻找大运河通州段的“歌声”，2003年起，张天彤带着学生行走在大运河京津冀段，收集整理运河船工号子。在陈树林引荐下，她先后结识了通州运河船工号子第三代传承人赵庆福和被誉为“通州运河船工号子保护第一人”的常富尧，以及土生土长的通州人、北京大运河文化研究会会员任德永。五人因通州运河船工号子结缘，并对常富尧、赵庆福等演唱和整理的通州运河船工号子进行了抢救性记录和研究。

2006年，通州运河船工号子入选北京市非物质文化遗产名录，至此，“水稳号不急，词带通州味，北调含南腔，闲号独一份”的通州运河船工号子再次回到大众视野中。

2021年6月24日，大运河通州段和河北廊坊段实现同步游船通航。2022年6月24日，大运河京冀段62公里实现游船通航。两次历史性游船通航仪式上，都有常富尧带领工友打头阵，表演通州运河船工号子——“开船喽!”雄浑有力的通州运河船工号子，串起一条协同发展的大河。

随着三地交流融通日益频繁，常富尧、赵义强（赵庆福之子）等还组建了“通武廊”“京津冀”这样的跨地区运河号子表演队，“我们用联合演出的形式，促进三地运河号子的对话和交融，推动大运河京津冀段船工号子的复兴。”常富尧说。

原汁原味传承运河文化

2023年，北京市调研大运河船工号子北京市非物质文化遗产传承现状实践团在北京大学生中做了一份调查问卷，收集数据109份，其中有效数据98份。数据显示，听说过通州运河号子的大学生仅有13.3%，也就是13人，且主要是从影视作品、音乐、网络宣传、地域文化、亲人和朋友了解到的。尽管赵义强先生已经在几十所中小学中对运河号子进行了教授，但大多数高等院校（以北京市为主）还没有设置相关教学课程。通州运河船工号子已在2006年入选北京市首批非物质文化遗产，但仍有30.61%的大学生认为传承运河船工号子的意义不大，有15.33%的大学生不愿意去了解通州运河船工号子。

随着岁月的流逝，“脚踏石头手扒沙，弯腰驼背把船拉”的老船工们和听着运河号子长大的一代人已年过古稀或相继谢世，运河船工号子的搜集整理越来越困难。自2006年，大运河申报世界非物质文化遗产后，沿运河的一些有关部门便开始搜集整理相关的资料，至于运河船工号子的找寻工作却没有见到显著的成效。“运河船工号子是人类口头非物质文化遗产的重要组成部分，是先辈们留下的珍贵遗产。运河船工号子没有固定的歌词和曲调，却为什么流芳至今？就是因为它走到哪里，就融入哪里的劳动和文化。因此，挖掘和欣赏运河沿岸各地船工号子的异同，是原汁原味传承号子文化、让号子文化永流传的关键。”张天彤说。

就拿通州运河船工号子和沧州运河船工号子来说，具有很多相同点：简朴、粗犷的音乐性格；领、和相结合的歌唱方式；曲谱结构的简单性；都具有“南歌北唱”的特点；此外还具有相同的功能，即统一劳动者手上和脚下的劳动步伐，释放劳动带给劳动者的疲劳，催生劳动者劳动积极性、提高劳动效率。

但是仔细品味就会发现，两地运河船工号子有着明显的不同——通州运河船工号子透出“京味儿”，沧州运河船工号子透出的是“畲味儿”。具体表现在：一是方言不同，通州运河船工号子唱时带有浓烈的京味儿和通州味儿，最明显的体现就是不少唱词里都用到了儿化音，比如三儿、人儿、鞋儿等，以及一些具有通州地方特点的衬字和衬词，如四儿搭四儿的；沧州号子唱时用的是冀东方言，就是所谓的“畲腔、畲韵”。二是曲调有区别，两地虽然都是“南歌北唱”，相比之下，通州运河船工号子略比沧州运河船工号子粗犷，这和北京处在华北平原、东北平原和黄土高原的交会点有关，北京自古以来就是我国东北、西北和中原地区的中枢，特殊地理位置决定了通州运河船工号子的曲调比较粗犷。三是数量和品种不一，通州整理出来的运河船工号子有10种，沧州整理出来的运河船工号子有10余种；另外通州还有独特的闲号，这个闲号与劳动本身无关，却是运河文化的一部分，除了通州其他地方均没有。“这样一对比，就能突出重点，强调独特，原汁原味就出来了，从而助力千年号子得以原原本本地被保留和传唱。”张天彤说。

毫无疑问，学会正确欣赏运河船工号子文化，对于原汁原味传承运河船工号子、活化利用运河号子相当重要。张天彤介绍，欣赏一首运河船工号子，要从两个方面来考量。一方面是演唱者使用的语言，或是地方方言，或是民族语言；另一方面是润腔，润腔中还包括技术润腔、肢体润腔和感情润腔。其中，技术润腔指的是由发音器官的不同部位所发出的高低长短、粗细明暗等不同音色的声音，演唱过程中使用一些特殊技巧，如嘟噜音、呼噜音、喉控音、鼻控音等；肢体润腔指的是歌者在演唱过程中借助身体动势来发出审美中需要的声音；感情润腔则是指歌者在歌唱过程中加入感情处理。因此，我们常听运河船工号子，一是听歌者的方言或民族语言是否发音准确、地道；二是听润腔，语言和润腔是否相得益彰地结合演唱。因为只有这样歌唱，才能唱出号子本身应有的韵味。

作者简介： 韩梅，《北京日报》高级记者。近年致力于大运河文化带建设等新闻采访报道，主持《行走京津冀　看运河新韵》等融媒体专栏，已发表《运河三杰通武廊》《水美田肥赖通波》《一线多珠三岔口》等多篇作品。

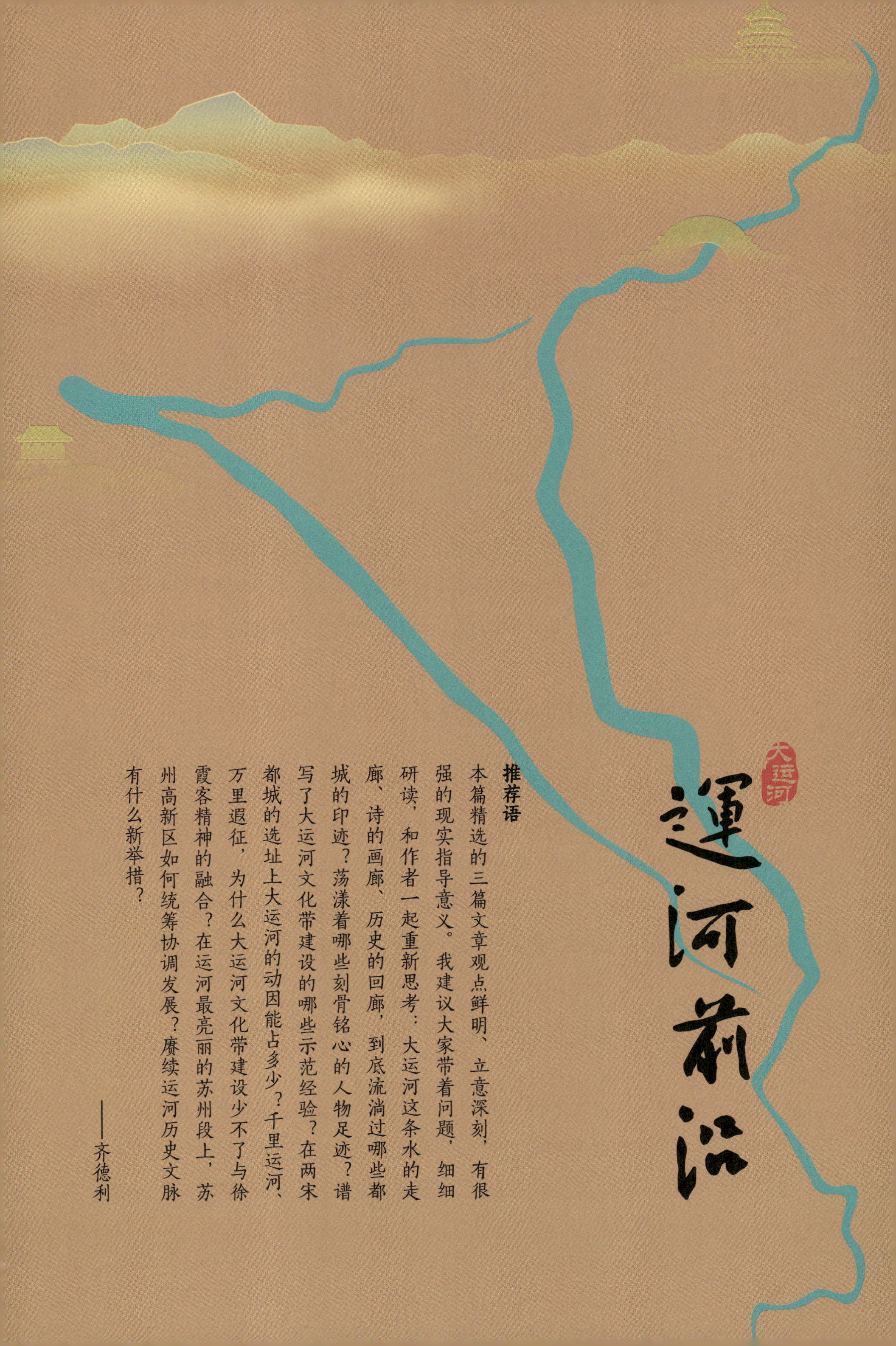

運河前沿

推荐语

本篇精选的三篇文章观点鲜明、立意深刻，有很强的现实指导意义。我建议大家带着问题，细细研读，和作者一起重新思考：大运河这条水的走廊、诗的画廊、历史的回廊，到底流淌过哪些都城的印迹？荡漾着哪些刻骨铭心的人物足迹？谱写了大运河文化带建设的哪些示范经验？在两宋都城的选址上大运河的动因能占多少？千里运河、万里遐征，为什么大运河文化带建设少不了与徐霞客精神的融合？在运河最亮丽的苏州段上，苏州高新区如何统筹协调发展？赓续运河历史文脉有什么新举措？

——齐德利

大运河文化和徐霞客精神的交融

周伟崑

非常荣幸在新一届中国地质学会徐霞客研究分会换届时当选副会长，也有幸在学术交流会上聆听各位专家对传承中华优秀传统文化，弘扬徐霞客精神的真知灼见。借此机会和大家交流一下我对大运河文化和徐霞客精神的一些粗浅认识。

一、徐霞客精神是求真务实、不畏艰险的科学精神

徐霞客（1587—1641年）给后人留下了丰厚的文化和精神财富，这精神力量是鲜活而不朽的。徐霞客精神主要体现在他立足求真务实，贵在不畏艰辛，勇于探索创新，追求科学真理。徐霞客所取得的成就既是文学和地学界先贤后辈难以攀越的标杆，也是中华民族文化自信的成功典范。徐霞客精神和当前党中央倡导的“敢为、敢闯、敢干、敢首创”的“四敢”精神也有着异曲同工之妙。

二、大运河文化是包容开放，体现人与自然和谐共处的文化

我所理解的大运河文化是：围绕大运河的诞生、发展、保护及其开发利用等全部过程中，产生和运用的所有知识成果和智慧结晶，包括人类各个历史时期在运河发展的不同阶段，直接或间接创造或获取的、与大运河相关的所有物质和精

神财富的总和。

大运河流淌千年、沟通南北，反映了历代劳动人民对人—水关系的探索。大运河的开凿建造并非一次成形，而是在各个区域水道、运道不断发展丰富的基础上，经数朝数代，不断加以贯通、疏浚、运维、管理，历经千年、绵延千里，终成一体。大运河这项中国古代创造的伟大工程，凝结了人类探索自然、改造自然、与自然和谐共处的伟大智慧。

大运河有着包容和开放的天然属性，它涉及长江流域、黄河流域这两大中国古代文化和文明的核心地区，沟通了海河、黄河、淮河、长江、钱塘江五大自然水系，把中国历史上一些重要的政治、经济、文化中心紧紧联系在一起，积淀了丰厚的历史文化遗产，串联起了一个广泛流动、开放包容的文化交流空间，是活着的、流动着的、具有世界遗产价值的中华文化瑰宝。

三、徐霞客与大运河的渊源

徐霞客的足迹与大运河有着丰富的交集。

1609年，徐霞客22岁，他坐船开启了第一次北上之旅，沿京杭大运河到山东，游泰山（图1）。接着又到曲阜、邹县（现邹城），拜孔林、谒孟庙、访孟母三迁故里，登峄山赋予了他灵感与激情。

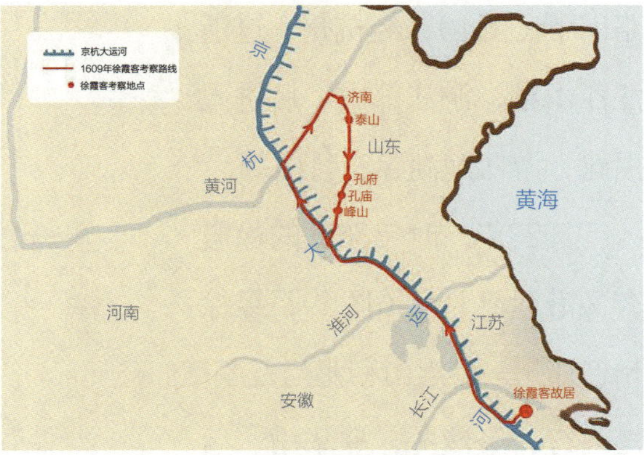

图1 徐霞客考察足迹与大运河的关系示意1（1609年，时年22岁）

1613年，徐霞客还是走水路，先坐船到杭州，再沿曹娥江到绍兴，沿浙东运河抵宁波（图2），又坐船登普陀山。随后，沿海岸线南行，第一次游览天台山和雁荡山，5月19日写下《徐霞客游记》的开篇《游天台山日记》。

1616年，时年29岁的徐霞客，由水路沿江南运河南下到杭州（图3），然后到安徽登黄山。经上饶、铅山到达福建崇安，游武夷山。返程时，又沿途游览了运河城市绍兴。

1620年，徐霞客又由水路南下（图4），经杭州，过浙江江山县，游江郎山。后进入福建，游九鲤湖、石竹山等。

1623年，时年36岁的徐霞客又沿运河北上（图5），经徐州、郑州，游嵩山和龙门石窟；再西行，经潼关，登华山。后沿丹江水路，出陕西，进入湖北，游武当山。随后，走汉江水路，进入长江，顺江而下回到江阴老家。

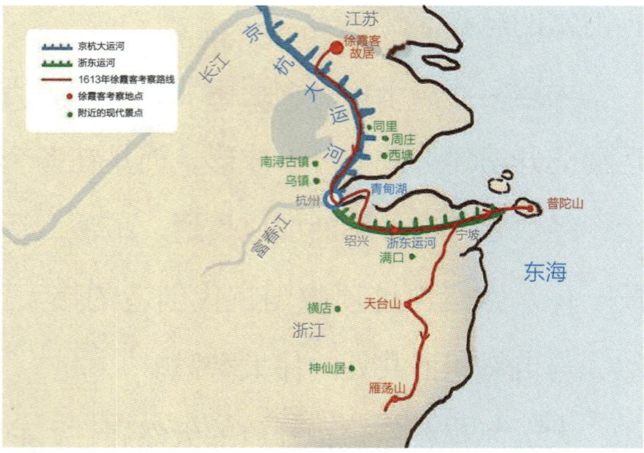

图2 徐霞客考察足迹与大运河的关系示意2（1613年，时年26岁）

图3 徐霞客考察足迹与大运河的关系示意3（1616年，时年29岁）

图4 徐霞客考察足迹与大运河的关系示意4（1620年，时年33岁）

1629年，徐霞客沿运河北上（图6），到访京师，游历了盘山、崆峒山、碣石山等名胜。

徐霞客多次沿运河坐船出行，也考察过许多运河上的水工设施。他曾沿湘江入广西境，在秦时开凿的灵渠考察古代调节水位差、有“船闸之祖”称谓的陡门（又称斗门）留下了许多他与运河智慧的故事。

图5 徐霞客考察足迹与大运河的关系示意5
（1623年，时年36岁）

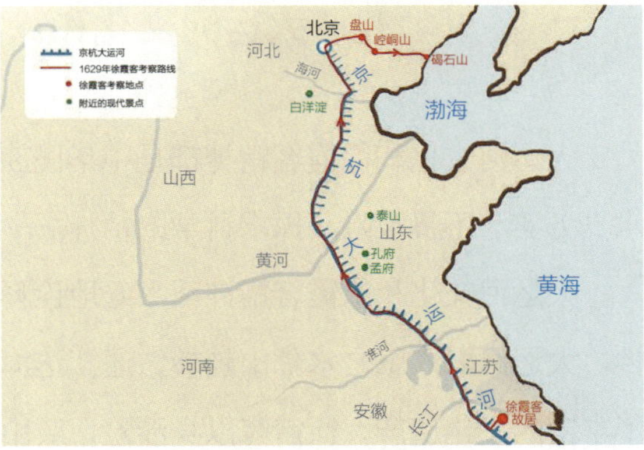

图6 徐霞客考察足迹与大运河的关系示意6
（1629年，时年42岁）

四、徐霞客的不朽贡献

徐霞客从22岁开启他的探险之旅，51岁作人生的最后一次旅行，53岁因“两足俱废”而东归，至54岁去世。

这一生中，徐霞客执着地做了一件事，就是游历探险，既不懈追求诗与远方，更不畏艰险地探求科学。非常可贵的是，在那个把科举当正途的时代，他选择了一条艰难无比的道路：以生命为代价，以考察大自然为己任，置身风雨寒暑、悬崖峭壁，四处游历探险，创下众多的历史之最，被誉为“旷世游圣”，给我们留下了丰富的精神财富。

徐霞客热爱祖国，寄情山水。他的爱国更多表现在对祖国大好河山的热爱。他提出了人与自然需要和谐共处的观念，与我们今天的“绿水青山就是金山银山”生态文明理念基本一致。

他坚韧不拔，不畏艰险。在旅途中曾多次涉险，但他从未动摇过继续前行游历和不懈探索的意志。

他求真务实，追求科学。较典型的是他克服重重艰难险阻，在对西南山水进行大范围实地考察的基础上，写成《溯江纪源》，“不审龙脉，不辨江源”，所以足证目订；“不探江源，不知其远”，必须求真务实。首次科学精准地提出金沙江才是长江正源的论断，从而纠正了前人将岷江当作长江源头的千年之误。

徐霞客留给后人的精神财富是立体、巨大而丰富的。他用最独绝的旅行，最精美的文字，描摹了世间最奇妙的风景，表达了最高洁的情感，追求着最和谐的人与自然关系，铸造了求真务实、探求科学真理的精神。

五、大运河文化和徐霞客精神的交融

大运河文化和徐霞客精神都是中华民族优秀文化的典范，体现了包容开放、求真务实、不畏艰险、探求科学的精神。

大运河文化和徐霞客精神都很好地诠释了人与自然的关系，体现了科学的精神。大运河以人工之水翻山越岭，通江达海，成就了沿线一众城镇的辉煌，留下了丰富的文化遗产。徐霞客以身涉险，跋山涉水，走遍了祖国的锦绣河山，不仅留下了不朽的文字《徐霞客游记》，更留下了激励人们走进大自然、实事求是科考实践的伟大徐霞客精神。

“尽道隋亡为此河，至今千里赖通波”；“春随香草千年艳，人与梅花一样清”。“千里运河”和“万里遐征”集中体现了包容开放、探求科学的伟大精神，这是大运河和徐霞客留给后人的财富，值得我们今天深入研究、传承创新和大力弘扬。

作者简介：周伟苠，中国作家协会全国代表大会代表、中国自然资源作家协会副主席，中国地质学会徐霞客研究分会副会长，中国大地出版传媒集团大运河文化研究中心首席代表、《中国大运河文化》《中国自然资源双年选》主编，苏州科技大学兼职教授、苏州职业大学客座教授等，高级工程师、研究员。

统筹推进高新区大运河文化带建设延续苏州段大运河历史文脉

丁 宏 杨良平 郑田丹

摘要

苏州高新区是苏州大运河文化版图上的重要组成部分。目前，高新区大运河文化带建设面临着包括顶层设计方案细化、重点工程建设加强、人才资金支持保障、事务管理秩序完善、绩效考核机制明确等需要不断精细化、制度化、系统化的诸多压力和挑战。本文立足苏州发展实际，统筹苏州高新区大运河文化带沿岸政治、经济、文化、生态、社会等自然人文要素，因地制宜，顺势而为，提出了五项发展建议：①加快推进完善高新区大运河文化带规划设计方案；②推动高新区文旅产业提质增效；③创新多元化投融资机制；④推进文保单位及濒危建筑修缮及保护；⑤高水平建设大运河国家文化公园。争取通过重点项目推进、综合治理、风貌改造、文化建设等措施，延续苏州段大运河历史文脉，统筹推进高新区大运河文化带建设形成示范。

关键词：大运河文化带；历史文脉；延续；统筹；建设；苏州高新区

大运河是中国古代创造的一项伟大工程，是中华民族的标志性文化符号，蕴含着中华民族悠远绵长的文化基因和历久弥新的精神力量。推动大运河文化建设，让文物说话、让历史说话、让文化说话，为实现中国式现代化赋予文化力量和文化精神，向世界展现中华文明的独特魅力，具有深远的历史意义和珍贵的现实价值。

苏州高新区是苏州大运河文化版图上的重要组成部分。近年来，苏州高新区统筹推进运河沿岸政治、经济、文化、生态、社会协调发展，充分挖掘运河文化历史价值，通过打造一批重点项目、落实一系列生态修复工程、创建一批资源载体等举措，全力以赴打造高新区大运河文化带建设样板。

立足苏州发展实际，统筹推进苏州高新区大运河文化带建设工作，大力保护运河文化遗存，彰显运河特色风貌，延续运河历史文脉，推动苏州高新区大运河文化带建设形成示范，将对苏州高新区实现区域均衡发展、提升文化建设水平形成战略性推动力。

一、苏州高新区大运河文化带建设的主要经验

苏州高新区努力通过建成一批重点项目、搬迁一批老旧厂房、提升建设一批运河沿岸“花园式工厂”、打通运河沿岸步道、打造一批运河文旅品牌，建设一条高品位文化长廊、高颜值生态绿廊、高效益经济走廊。截至2023年，苏州高新区在大运河文化带建设专项工作中收获颇丰，累计建设大运河沿岸连通步道18.6公里，加固运河堤防18座，闸站总长达到27.6公里，整治提升工厂区1675亩，搬迁5家老旧厂房和6户民房。具体建设情况和主要经验如下：

1. 重点项目推进有力

浒墅关运河文旅产业综合开发项目，已列入江苏省大运河文化带和国家文化公园建设“十四五”和2021年重点项目，蚕里街区（浒关蚕种场）已纳入2021年江苏省工业遗产地图，中国检验认证集团苏州检验检测基地列入2022年江苏省服务业重点项目。浒墅关古镇项目东岸大码头一期蚕里街区已正式开街，南北双桥也已贯通。中软国际解放号（苏州）新软件协同创新产业基地，正在推进

以开源鸿蒙为核心的软件协同创新产业集群项目，已招引8家信息科技类企业进驻。中国检验认证集团苏州检验协同创新产业基地项目、大家保险康养产业集聚区项目均已落户高新区。绿色技术小镇一期产业园项目和狮山文化广场项目场馆建设等都在有序推进中。江苏苏钢集团有限公司转型升级项目、横塘水岸邻里中心及幼儿园项目完成方案设计，已于2023年初开工建设。

2. 运河综合治理成效显著

①推进高新区大运河堤防加固工程。大运河堤防加固工程（高新区段）全部完工，建设内容包括27.6公里堤防加固，新（拆）建口门建筑物7座，以及沿线景观绿化改造。苏州高新区防洪排涝工程（马运河、前桥港）2 座已于2023年主汛期前完成。②推进码头标准化改造。督促港口码头企业加快推进码头粉尘在线监测设施建设，全区易扬尘类9家码头已安装扬尘在线监测设备，安装设备完成率100%。区内10家码头港池界面等区域开始安装视频监控设施并逐步完善中。③进行航道航运提标升级工程。通过前期桥梁安全隐患排查阶段的调查排摸，干线航道桥梁已全部完成相关设施安装工作。非干线航道中有3座桥梁缺失，桥名牌及桥涵标已完成整改。加强水上交通管理，开展区内航道、湖区定期水上巡航。④开展水质提升行动。制订《苏州高新区太湖及京杭运河水质提升攻坚方案》，强化运河断面关联支流、支浜、排口、排查工作，整治 14条劣V类支流、支浜。攻坚轻化仓库、永利广场、长江路农贸市场等重点区域水质收集提质增效，完成全区雨污水管道排查，实施管网应急抢修，提升污水收集能力；启动“1+5”分布式污水处理能力建设，开展全区污水处理能力扩容，加快补齐污水处理短板。

3. 运河风貌改造明显提升

推进老旧厂房、民房搬迁工作。完成原小天鹅地块、刘二建材经营部、骊住建材、陆钰明小五金厂和6户民房拆迁。推进运河沿线风貌提升工程，宝化炭黑“花园式工厂”改造完成，完成包装厂房、成品仓库和办公大楼等建筑美化工作。中外运物流园已初步完成绿化补足工作，沿岸环境明显提升。推进运河沿线步道连通工程。高新区大运河两侧岸线总长27.9公里，目前已建成步道18.6公里。腾退骊住建材、原省水利物资码头等一批重点地块，贯通浒墅关文昌阁段和完成大运河西、南津桥北原有未拆迁段。横山路路口段（胥涛路下穿）景观绿化已进场准备施工。

4. 运河文化建设深入开展

开展运河文脉研究与传承活动。出版发行《湖山风雅颂》历史文化系列丛书，深入挖掘运河文脉，系统整理高新区运河沿岸历史文化遗存和各地史志。与南京大学校地合作开展“大运河城镇数字记忆资源建设”项目，充分利用数字技术对档案资源进行加工重组和信息化创意呈现，开发建设大运河城镇文化数字档案馆。加强运河文化遗产保护，做好大运河沿线相关文化遗址和文物的保护修缮工作，完成浒墅关文昌阁改造提升工程。委托有资质的专业人员现场勘探调研，为文物保护工作实施提供技术支持，系统记录大运河高新区沿岸各类文物遗产现状。邀请苏州大学智库专家围绕非物质文化遗产项目“草席”进行产品打造和品牌赋能，研究活态传承方式，探索运河非物质文化遗产品牌构建和可持续发展路径。创作运河文化精品。苏州民族管弦乐团以大运河为主题创作大型民族管弦乐《江河湖海颂》，已列入“苏州大运河文化带和国家文化公园建设重点项目”，目前已累计演出十余场。高新区文体旅局联合区美术家协会与摄影家协会开展大运河主题美术写生与摄影活动，创作大运河主题美术作品12幅，其中6幅摄影作品入围国家级摄影赛和省级展览。举办第二届“运河情·江南韵”大运河民族音乐文化传承展示周、“运河脉江南·风韵自浒关”2022苏州高新区运河文化艺术节、“新年‘走’大运”、“太湖科学城龙舟邀请赛”、“2021大运河穿越江苏首划（苏州站）”等文化体育活动，高品位打造大运河文化体育品牌。推出苏州市首个“元宇宙数字景区”项目——“云游树山”，举办“永不落幕”树山梨花文化旅游节。推出苏州高新区文体旅商数字推荐官“枫灵（Lynn）”，大力开展元宇宙数字景区新实践，并获“江苏省文旅消费传播热事件”。挖掘运河沿线文化价值，策划推出苏州“运河十景”之浒墅关景区以及周边文化旅游线路。

二、高新区大运河文化带建设面临的困难挑战

1. 顶层设计方案有待细化

苏州高新区大运河文化带的建设需要把项目建设的方案设计做进一步的落地细化，要有具体的实施细则和相应的推进计划。在完成大运河文化带建设的基础上，需要对配套招商引资工作的方案设计加以重视，以实现经济与文化在区域发展上的协同。在积极对接市级推荐资源的同时，从规划、招商、运营等维度入手，做好不同年龄群体的消费逻辑规划和对应场景建设方案设计，全力实现建设与招商同步、招商与运营统筹，积极沟通各领域顶级主力店，争取尽快明确合作意向。

2. 重点任务落实有待加速

目前，大运河文化带建设重点任务的落实情况有些滞后，需要在相关弱势项目上补足补强。浒墅关古镇项目进行方案完善调整，已报苏州市自然资源和规划局审批，在等待审批结果。连通步道工作需集中力量解决，因土地权属、企业经营、港口不具备建设条件等原因，高新区段运河步道尚有局部存在11处断点。目前存在的11处步道断点。应结合市民游客休闲、旅游、健身等需求加快推动完善。运河沿岸整治需要加快提升。结合防汛堤防加固、绿化景观提升、码头设施改造、航道航运提标升级等工程建设，加快提升运河沿岸整体风貌。推进高新区污水厂等老旧厂房搬迁工程，为项目建设腾退空间。

3. 人才资金支持有待强化

大运河文化带的遗产保护、旅游发展、文化创意等急需引进人才，尤其是在大运河文化带建设的重点任务上需要领军人才的进一步智力支持。苏州高新区需要针对大运河文旅建设打造了一支数量充足、示范带动效应明显的人才梯队，为大运河文化带建设提供科学决策依据和专业技术支撑。此外，大运河文化带的建设也离不开专项资金的投入。但受疫情等因素影响，苏州市区财政收支矛盾开始渐显，难以保障大运河文化带建设财政及时投入。

4. 事务管理工作有待完善

大运河文化带建设工作存在长期的多头管理问题，区域间常态化协作机制尚不健全，工作统筹需要进一步加强。生态环保、沿岸风貌改造等方面的工作沟通协作要建立长期的联席会议制度和协同办公程序。统筹运河相关资源合理开发利用、以文化为引领推动区域经济社会高质量发展的实践路径还需继续探索。对接国家发展战略、促进大运河沿线城市协作联动的作用还没有得到充分发挥。

5. 绩效考核机制有待明确

目前，苏州高新区主管部门尚没有针对大运河文化带建设工作制订专项绩效考核机制，缺乏相应的激励。大运河文化带建设工作没有在苏州国民经济和社会发展规划、国土空间规划中进行详细阐述，因此也没有专门的经费支持和绩效评价体系。而大运河文化带建设的诸多方面需要制订专业的指标体系进行专门评价，包括但不限于文物保护、环境保护、市政改造和文化品牌建设等。

三、推进高新区大运河文化带高质量发展的若干建议

习近平总书记指出，“要把大运河文化遗产保护同生态环境保护提升、沿线名城名镇保护修复、文化旅游融合发展、运河航运转型提升统一起来，为大运河沿线区域经济社会发展、人民生活改善创造有利条件”。苏州大运河文化带建设不仅要保护和传承好大运河文化遗产，也要注重发挥和创造大运河的经济价值。大运河文化带的建设不可能一蹴而就，需要长远的战略目标和定力，统筹文化保护利用与开发建设，实现其可持续发展。

1. 加快推进完善规划设计方案

随着大运河文化带建设推进，国家、省、市推动文化带建设的规划和政策相继出台，也为苏州高新区大运河文化带建设创造了重要机遇。一要完善大运河文化带建设顶层设计。在苏州市《大运河文化带建设三年行动计划（2021—2023年）》基础上做出大运河文化带建设长期规划，加快推进一系列专项规划和城市设计，

形成城区完整规划系统，通过打通运河健身步道促进城河互动，推进城市转型升级，再现运河繁荣盛景。二要健全大运河文化带建设工作体制机制。通过细化责任清单和加强部门联动，形成权责清晰、运转高效和协调有力的运转体系。三要注重加强跨区域协作治理能力。大运河文化带建设是一项系统性和整体性工程，仅靠某个地区不可能单独完成。苏州高新区可以倡议推动沿运河各地区之间建立完善共建共享机制，诸如跨区域水域治理、资源整合、品牌打造等方面的协调联动。

2. 推动文旅产业提质增效

一是增强精品意识。文化产业是内容产业，推动大运河文化带高质量发展离不开精品。以锻造精品为核心任务，避免四面开花，集中人力、物力挖掘浒墅关钞关文化、桑蚕文化、席草文化等特色文化，将苏州高新区大运河文化带打造成具有区域特色的文化符号。二是以重点项目为抓手提升文化显示度。积极推进浒墅关历史文化街区、蚕里街区、横塘水岸等一系列重点项目建设，重现古老运河两岸的繁华盛景，让百姓更愿意走进大运河，更方便地参与大运河文化主题活动。三是乘势而上打造高质量文旅项目。抢抓大运河文化带建设、全域旅游发展、国家级文化生态保护区创建三大机遇，用好国家、省大运河文化旅游发展基金，谋划打造更多高质量文旅项目，带动大运河沿线区域经济社会发展。把文旅活动作为展示苏州高新区魅力的重要载体，举办各类以挖掘、重塑大运河文化为主题的系列活动，向全世界展现苏州高新区运河文化的风采。

3. 创新多元化投融资机制

为了弥补财政资金投入不足，苏州高新区创新多元化投融资机制，撬动更多社会资本参与大运河文化保护传承利用。一是适当拓宽大运河文化带建设投融资渠道。对大运河文化带建设中有一定收益能力的文旅项目，积极引导社会资本参与大运河文化带建设。同时，建立健全社会力量参与大运河文化带的长效机制。通过营造公平环境、强化政策落实、加强权益保护、提供投融资对接平台等措施，扶持和鼓励民营企业参与大运河文化带建设。二是推行EOD（生态环境导向开发模式）+ABO（授权—建设—运营模式）模式。通过构建生态产业化、产业生态化的生态经济体系，挖掘大运河生态提升带来的价值增量，获得可持续的运营收益，吸引社会资本参与大运河文化带建设。

4. 推进文保单位及老建筑的修缮及保护

千年文脉，保护优先。对于苏州高新区来说，要以大运河文化带建设为抓手，有机统筹文化保护利用与开发建设，在满足市民文化生活新需求中寻找发展空间和提升产业效益。一是加强对古建筑、文物的修复及保护。苏州高新区需从文物修缮、考古勘探等方面着手，对沿线文化遗产和非遗项目进行勘查摸底，建立保护名录，加强对重点文保单位的修缮。通过对大运河生态文化带的逐步修复和开发，推动大运河文化带更具活力、更加繁荣。二是做好现代科技与大运河文化传承的有机结合。新一代信息技术正在让传统文化得以创造性发展、创新性转化，新业态、新模式、新技术、新产品层出不穷，为文化保护创造有利的契机。推进智能制造、人工智能等先进技术成果服务应用于文化的保护与传承，打造一批专属苏州高新区的核心文化品牌。三是加大对文化创意人才的吸引力度。大运河文化带建设离不开专业型、技能型人才的支撑，苏州高新区可以不断完善“引才”“育才”“用才”举措，多维度激发产业形态、产业技术、内容生产等创新活力。

5. 高水平建设大运河国家文化公园

为更好推动大运河文化保护传承利用，当前大运河沿线各城市都在积极推进辖区内的大运河国家文化公园建设。苏州高新区应厚植浒墅关历史文化街区（苏州“运河十景”之一）、桑蚕文化、席草文化等独特优势，围绕高水平建设大运河国家文化公园（高新区段），突出文化为魂、科技赋能，努力打造大运河国家文化公园的“苏州高新样板”。一是协同推进大运河国家文化公园示范区段建设。注重丰富业态、提高品质、优化体验、衍生发展，协同建设国家文化公园，打造“有概念、有实体、有边界、有突破、有成效”的大运河国家文化公园建设示范区。尤其是要建设好大运河国家文化公园文化旅游深度融合发展示范区，扎实做好“运河+”的文章、深入推进运河文化与旅游融合发展，在文化活动、品牌建设等方面加强系统谋划和协作推进。二是打造多元文化交汇展示范例。提炼大运河（高新区段）历史文化内涵，生动展示运河沿线桑蚕文化、民俗文化、工业文化、科创文化等元素，全面彰显多元文化汇聚、古今文化交融的独特魅力。用好数字化手段、平台，探索文旅叙事的新渠道，创新文旅叙事的新方法，提升游客对运河文化的体验感。

作者简介：丁宏，江苏省人民政府参事室特约研究员、南京信息工程大学江北新区发展研究院执行院长；杨良平、郑田丹，南京信息工程大学江北新区发展研究院研究员。

两宋都城选择的运河动因及城市遗产的保护利用

姜师立

摘要

无论是北宋定都汴梁，还是南宋定都临安，根本的动因都是大运河。北宋时，随着经济重心的南移，国家越来越依仗东南地区，选择有发达的水运系统的汴梁，方便江淮地区的粮食物资运输到京城，供养庞大的官僚阶层和禁军，从而开启了中国都城史的“运河时代”。汴梁成为当时世界上人口最多、经济最发达的城市。“靖康之变”后北方人口南迁，政治经济中心转到江南。南宋通过定都在浙东运河、江南运河交汇处的临安，构建了东南的运河网络，促进了东南经济的迅速发展，浙东运河的出海口成为新的贸易中心，强化了南宋的海上贸易与文化交流，催生了世界上最大的商业城市临安。对两宋都城留下的众多城市遗存应该妥善处理好保护与利用的关系，促进城市高质量发展。

关键词：两宋都城；选择；运河动因；城市文化遗产；保护利用

一、北宋都城的无奈选择

960年，赵匡胤通过“陈桥兵变”，黄袍加身，取代后周，建立了北宋。由于当时中国经济文化重心的南移，宋朝在选定都城时，必须考虑如何既能照顾到北部和西北部边防的安全，又能较容易地取得江淮地区的巨多漕粮。因此，宋太祖赵匡胤选择了将汴梁（今开封）作为国都。

（一）定都汴梁的原因

定都汴梁，是北宋政府几经权衡后的无奈之选。宋朝是取代后周建立的国家，开国之初，定都汴梁，称为东京。汴梁无山水之险，远没有长安、洛阳的地势险要，是一个易攻难守的地方，而当时北宋立国未稳，南方尚未平定，北方更有强大的契丹虎视眈眈，选择汴梁作为都城确实有诸多不利因素。那么，北宋为什么仍然选择定都汴梁呢？

1. 经济原因

汴梁拥有丰厚的自然资源，土壤肥沃，水源充足，是著名的产粮区，能就近为都城提供一部分食粮。而宋朝成立之初，鉴于五代以来军阀割据的问题，打算从根本上消除藩镇割据的根源，采取了"杯酒释兵权"的办法，剥夺了开国大将们的军权，防止乱世夺权的悲剧重演。由于实行"强干弱枝"的措施，将禁军精锐聚集在京城，使京城附近聚集了数十万禁军。几十万军队，加上庞大的官僚系统，靠中原地区的财力是远远不能养活的。但在大运河沟通后，汴梁西通洛阳，南达江淮富庶之地，是南来北往商旅漕船的必经之地，从唐初逐渐繁荣起来[1]。"安史之乱"后，南方经济发展水平和速度逐步超过北方黄河流域，当时全国经济中心已经开始南移。因此，需要选择能够便于运来南方漕粮的地方定都，这样汴梁就远比洛阳、长安有优势。

2. 地理原因

汴梁地处中原腹地，周围平原广阔，河湖交错，战国时就是魏国都城（当时称大梁）。当时，魏国为争雄称霸，对鸿沟进行挖掘改造，北接黄河，南沟通了淮河北岸的几条主要支流，构成了黄、淮之间的水路交通网络，而汴梁也因此成

[1] 据《旧唐书·齐浣传》记载："河南，汴为雄郡，自江、淮达于河、洛，舟车辐辏，人庶浩繁。"

为中原地区的水陆交通要冲。由于大运河的开凿，到了五代时期，开封已经成为“接引河、汴，南通淮、泗，北、魏，舟车之所辏集”的北方大城市。北宋汴梁是当时漕运的四条河，即金水河、惠民河、汴河、五丈河的集中交汇点，有“四达之会”的称号。通过汴渠的漕运，能够运来江淮地区的粮食。陆路方面，当时汴梁也处在中心位置，有几条干道，以汴梁为中心向四方辐射。从汴梁向北，经过滑州、澶州、河北大名府，可通辽国的南京（今北京）；从汴梁向西，经过郑州、西安，可以通向西北各地；从汴梁向西南，经过许昌、邓州、襄阳、江陵，可到达湖南和两广；从汴梁往东，可到达山东沿海各地。总起来说，当时汴梁的水陆交通四通八达，“八荒争辏，万国咸通”，是作为国都的理想择地之一。

3. 政治原因

经济与军事地理格局的变化带来了政治地理格局的变化。907年，朱温在开封称帝，建立后梁政权，立汴梁为国都，洛阳被改为西都。五代中梁、晋、汉、周四朝都在汴梁定都，虽然其间战乱连连，但作为都城的汴梁还是得到了很大的发展，已经取代长安、洛阳成为当时全国（至少是北方）的政治、经济、文化中心。石敬瑭曾有过“大梁，天下之都会”的说法。北宋选择其作为都城，可以直接利用它原来的物质基础和社会基础。同时，汴梁接近北宋政权建立者的根据地。赵匡胤发动“陈桥兵变”，建立北宋王朝，汴梁是他的根据地，这里有他的家族势力以及忠于他的一班人马。赵匡胤在汴梁经营几十年，曾奉周世宗命令主持修缮扩建汴梁外城，任后周殿前都点检职务期间，也曾转战过黄河、淮河之间，驻节过汴州，对黄河、淮河一带的形势和汴梁的地理民俗等方面都比较熟悉。

这里主要的原因是考虑了政治中心与经济中心的联系。北宋从后周那里继承了两大遗产：一是前朝已经营多年的汴梁城，二是纵贯南北的大运河。前者是政治因素，后者是经济因素。因为大运河是沟通政治中心与经济中心的重要纽带，因此，北宋定都汴梁的最根本原因是大运河。五代十国以来，汴梁作为交通漕运枢纽的地位得到进一步确立，并对其城市发展起到巨大的促进作用。北宋为了实现由经济中心向政治中心运送漕粮的目的，首要条件是有方便的水运系统，而汴梁不仅地处水运中心，且距离东南经济中心要比长安和洛阳近很多。汴梁自然而然地取代了洛阳、长安的地位，成为宋朝定都的最佳选择和全国交通、政治、经济、文化中心了。

（二）定都汴梁的结果

1. 全国统一与稳定

北宋首都汴梁的水运交通条件十分优越，除了汴河（宋朝对通济渠的称呼），还有向南经陈、蔡地区通往淮河流域的惠民河，向东经曹州通往齐鲁地区的五丈河，以及向西经中牟通往荥阳的金水河。这种以汴河为主的运河系统构成了放射状河网，为北宋全国的统一和政权的稳定，以及京师汴梁的繁荣，提供了良好条件。

正是由于汴梁的政治中心地位，宋朝政权建立之初，虽然还有各地的军阀割据，但基本上都承认中原王朝的正统地位。同时，汴梁在地理上的优势使出兵北伐或者南攻都比较方便，这为宋初统一全国提供了有利条件。有了大运河的运输便利，宋朝对后周旧部叛乱的镇压，对北汉、南唐、吴越的战争，都能迅速胜利，基本上实现了全国统一。北宋前期在河北地区大兴运河之利，为屯兵北方的部队提供军需物资。面对势均力敌的契丹政权，北宋几次北伐，也正是依靠运河运送大量的南方物资到京师和北方前线，才有效地遏制了契丹南下，巩固了以汴梁为都城的北宋政权。

2. 政治经济繁荣发展

汴梁作为宋代的都城，在当时不但是全国政治、经济、文化、交通的中心，也是世界上人口最多、经济最发达的城市之一。从人口数量来说，据《宋史・地理》所载，开封府在宋徽宗时期有26万多户，近百万人口。而据《太平寰宇记》记载，开封人口最多时达150万。

汴梁是当时最大的消费城市，市场十分繁荣。当时汴梁城中店铺有6000多家。京城中心街道称御街，宽两百步，路两边是御廊。北宋政府允许市民在御廊开店设铺，沿街做买卖。为活跃经济文化，还放宽了宵禁，城门关得很晚，开得很早。夜市在开封更为兴盛，没有时间限制，甚至形成通宵达旦的交易盛况。宋人孟元老所著《东京梦华录》中多次记载汴梁的夜市，如记述“州桥夜市”，“自州桥南去，当街水饭、爊肉、干脯、王楼前獾儿、野狐、肉脯、鸡……谓之杂嚼，直至三更”。

汴梁城的娱乐区被称为“瓦子”。据记载，当时，整个汴梁城里，瓦子一共有6个，在内城和廓城的各地段均有分布。除了宫城，全城各个地段都有酒家、食肆和商店，而这些店铺最集中的地方在沿汴河分布的干道上。据记载，汴梁的医药店铺、书店、酒楼都十分繁荣，仅较大规模的店铺就有6400多家。另外，还有小商小贩八九千人。《东京梦华录》提到的100多家店铺，其中酒楼和饮食店就占半数以上。据记载，北宋时期，政府积极鼓励商业贸易。到了夜晚，宋朝汴梁城的街上华灯璀璨、人声喧哗。《水浒传》描写到，连宋徽宗本人也抵御不住这夜晚的诱惑，跑出宫来和李师师约会。大运河不仅成就了汴梁城的繁华，更提振了整个北宋的活力。由于漕运的发达，北宋的开封十分繁华，漕运使汴梁成为“天下富商大贾所聚之地”。《东京梦华录》记载：“（汴梁）东华门外，市井最盛……凡饮食、时新花果、鱼虾鳖蟹、鹑兔脯腊、金玉珍玩、衣着，无非天下之奇。”时令瓜果、新鲜蔬菜上市，如茄子瓠瓜之类，每对价格可达到三五十千文，各个饭店还争相以高价购买。越贵越有人买，可见汴梁当时市场的繁荣程度。

北宋时，漕运是经过城里东南角的汴河流入京师的，所以，汴河大街的仓储区和商业区是全城最繁忙的。著名画作《清明上河图》描绘的正是汴河大街的繁华景象。从《清明上河图》可以一睹运河给汴梁带来的繁华，画面是从右至左而展开的，共分为宁静的乡村、繁忙的汴河、热闹的虹桥、忙碌的店铺、威武的城楼、繁华的大都市六个部分。犹如一架摄像机，把汴梁的人物风景，从城里到城外一一记录了下来，使今天的观众如同亲临其境。

3. 造成了“靖康之变”

由于汴梁无险可守，在防范北方游牧民族南侵上就成了一个弱项。北宋宣和七年（金天会三年，1125年），金军分东、西两路南下攻打宋。靖康元年（1126年）正月，完颜宗翰率金兵东路军进攻到汴京城下，逼宋议和后撤军。同年闰十一月，金两路军会师攻克汴京。宋钦宗亲自到金人军营议和，被金人拘禁。“靖康之变”导致了北宋的灭亡。北宋灭亡后，已经退位的宋徽宗赵佶与皇帝钦宗赵桓以及皇室、皇族、贵戚、近臣、工匠等14000多人，被押往金国。徽、钦二帝最后死于燕京。

同时，由于汴河水源主要来自黄河，黄河多沙的特点也影响了汴河。到了北宋后期，汴河疏浚制度渐废，泥沙淤塞日趋严重，漕运不畅，运力大减，再加上金人南下的威胁，使汴梁不再适合作为都城。北宋末年，金军攻破汴梁。国都沦陷后，宋统治者放弃中原，偏安临安（今杭州）。宋金对峙，南北分立，汴河长期不疏浚，逐渐湮没。汴梁的地位也从此江河日下，日渐衰微。由于黄河数次泛滥，历史上的汴梁城今天也已被湮没在厚厚的淤泥之下。

二、南宋都城的被迫南迁

（一）建炎南渡与重心南移

1. 建炎南渡

靖康二年（1127年），康王赵构从河北南下到陪都南京应天府（河南商丘）鸿庆宫祭祀赵宋祖庙，在宫殿内继位为宋高宗，改元建炎，南宋（1127—1279年）建立。宋高宗在金兵追击下仓皇南逃，一路渡过淮河来到扬州，又越过长江来到杭州。绍兴元年（1131年）升杭州为临安府，定为“行在”（陪都），实为首都。正式开始了南宋偏安江南，与金国南北对峙的历史。

2. 北方人口南迁

随着政治经济中心的转移，江南地区成为全国经济重心。由于北方的战乱和代表汉人政府的政治中心南移，北方人口大量涌入，使江南人口迅速上升。南方人口在南宋初年的恢复期后持续增长，保持在1000万户以上。以临安为例，从北宋后期的16万户，增加到南宋初年的26万户，到了南宋度宗咸淳年间，发展到40万户。人口的增多，为社会生产力的发展和商业的繁荣创造了条件。

3. 南方经济的发展

北方人口的不断南下，不但为南方经济的发展带来了劳动力，而且带来了先进的生产技术。按照河姆渡文化，太湖流域的稻作农业发展历史久远，到两宋时期，以耒耜为主的翻土工具，以耙、田荡为主的整地工具，以耧车为主的播种工具，以筒车、龙骨车为主的灌溉工具，更加先进成熟，并得以大量应用。农业生产技术的发展与进步，极大地提高了江南地区的农业生产水平，进而根据气候水热条件，江南地区普遍实行了稻麦两熟制度，大大提高了单位面积粮食产量。江南运河流域，由于水网纵横，水资源丰富，大量发展圩田和围田，出现了千荡万圩的景象。圩田都是旱涝保收的高产田，种植粳稻产量很高，成为朝廷财政收入，尤其是稻米的主要来源，出现了人们称为“苏湖熟、天下足”的状况，江南经济区成为产粮最多的新农业开发区。到了南宋，江南经济区正式成为全国贡献最大的经济区，全面完成了经济重心的南移。

（二）定都临安与“直把杭州作汴州”

南宋诗人林升写过一首题为《题临安邸》的诗：“山外青山楼外楼，西湖歌舞几时休？暖风熏得游人醉，直把杭州作汴州。”这首诗批评了南宋朝廷苟且偏安，没有吸取北宋亡国的惨痛教训，当政者对收复中原失地没有信心，政治上腐败无能，达官显贵不思进取。不过这首诗却从另一个侧面反映了南宋都城临安城的繁华程度。

1. 定都临安

隋开皇九年（589年），废钱塘郡，置杭州府，成为隋唐大运河最南端的一座城市。隋唐大运河的南北贯通和东南经济的迅速发展，尤其是江南运河与钱塘江及浙东运河的沟通，使杭州从一个滨海小邑一跃发展成为重要的经济都会。唐朝时，杭州已成为国内外通商口岸，贸易兴盛，呈现出“骈樯二十里，开肆三万室”的繁荣景象。907年，在唐政权被后梁政权取代的同时，唐地方将领钱镠建立吴越国，以杭州为都城。经钱氏王朝数十年的经营，杭州成为一座规模宏大的城市，并在北宋时期成为全国重要的工商业城市之一。经济、文化十分繁盛，是对外贸易主要港口之一。1132年，在经过开封陷落后的数年颠沛流离之后，宋朝统治者终于在杭州安定下来。宋高宗到杭州后，将杭州升为临安府。考虑到临安自身优越的经济条件和物质基础，以及它作为江南运河、浙东运河及钱塘江三条水路交汇点的枢纽地位，1138年，宋朝廷于正式将其定为行在，成为南宋的首都。

2. 皇城的修建

宋高宗定都临安后，立即大兴土木，营建宫室殿堂。《舆地纪胜》卷1记载：“大凡定都二十年，而郊、庙、宫、省始备焉。”后来，又扩建了宫城及东南外城，兴建了一批殿阁堂园，使临安成为一座南跨吴山，北至武林门，左靠钱塘江，右近西湖，气势宏伟的大城市。南宋政权偏隅南方，北有强敌，但仍然维持了150多年（1127—1279年），且经济持续发展，全靠其坚实的财政基础的支撑。正是由于大运河对于各地财赋的转漕，才保证了朝廷的财政需求，并成为其布达政令、遣发军旅、流通物资的重要通道，大运河也由此成为南宋得以偏安的重要依托。

3．百业兴旺的临安城

手工业的发展。临安都市经济的繁荣，不仅超越前代，而且居同时代的世界前列。当时临安手工作坊林立，生产各种日用商品，尤其是丝织业的织造技艺精良，能生产出许多精巧名贵的丝织品，在全国享有盛名。作为全国最大的手工业生产中心，南宋临安城工商业发达，手工业门类齐、制作精、分工细、规模大、档次高，造船、陶瓷、纺织、印刷、造纸等行业都建有大规模的手工业作坊。南宋时期，临安的手工业以丝绸、印刷、制瓷、造船以及军器制造业最为显著。当时，临安有专门刻印历书、茶引、盐钞的作坊，专门印制纸币“会子”的纸局就有工匠1200多人。

商业的繁荣。南宋经济、文化、社会各方面的高度发展，促成了京城临安的极度繁荣。这座南方古都迅速繁华起来，临安很快就有了“天堂”的美誉。同时，临安还是当时全国商业最为繁华的城市。据《武林旧事》等书记载，南宋时的临安商业有440行，各种交易甚盛，万物所聚，应有尽有。临安的商业发达还表现在其营业时间的延长，诸店铺或摊贩营业，除日市外，还有早市和夜市，以致“买卖昼夜不绝”。《梦粱录》卷13《夜市》中记载：“冬月虽大雨雪，亦有夜市盘卖。”城内城外集市与商行遍布，天街两侧商铺林立，早市夜市通宵达旦；城北运河樯橹相接、昼夜不舍，城南钱江两岸各地商贾海舶云集、桅杆林立。

城市的发展。在这之后的一个半世纪内，南宋王朝依托江南运河和浙东运河的便利交通，开启了一个辉煌的时代。当时南宋的经济总量已占世界的50%，京城临安的人口已经突破了百万。临安工商业的发展也带动了一大批城郊镇市的兴起，使城市的南、西、北三面各数十里之内，都呈现出“人烟生聚，市井坊陌，数日经行不尽”的景象，形成了一个更大的商业网络。临安逐步发展成为当时全世界最大的工商业城市。今天我们从杭州复建的宋城仿古建筑群依旧能看到南宋临安昔日的繁华。北宋时西湖就是著名的风景区，苏东坡曾在此建有苏堤。到了南宋，西湖风景区经过修葺，更加妩媚动人，吸引了不少中外游客；酒肆茶楼、艺场教坊、驿站旅舍等服务性行业以及夜市也很兴盛，遂成了西湖十景。

（三）南宋运河治理与海上丝绸之路的完善

南宋时期，为了保证首都临安的粮食供给和前线的军粮，对东南地区的运河进行了大规模治理，不仅保证了漕运的畅通，为京城和军事前沿运输粮食提供了便利，而且促进了江南地区经济的发展，尤其是把陆上主要贸易线路延伸到东海岸，使江南地区的商品经济得到了长足发展，而且还刺激了运河流经地区的生产专业化和经济发展，催生了当时全球最大的都市临安。

1. 对江南运河的治理

南宋定都临安，江南运河成为维系宋政权的一条生命线，是南宋粮、蚕、水产、畜产的集中产权，也是手工业最发达的地区。运河所经区域为杭嘉湖平湖，因呈三角形，经济又发达，被称为“金三角”，素有“鱼米之乡”、“丝绸之府”的美誉。南宋政府要靠运河将这一带的物资运输到杭州以及军事前沿，因此加强了对江南运河的治理。高宗绍兴三年（1133年）和绍兴八年（1138年），宋政府两次大规模开浚江南运河，孝宗年间，又两次开浚杭州近城河道，使舟楫往来便利。宁宗嘉定七年（1214年）有一次较大规模的修整工程，就是疏浚镇江闸口段，修京口诸闸及各闸原有的归水澳及停靠码头泊舟潭。

2. 对浙东运河的治理

浙东运河西起杭州市钱塘江南岸，跨曹娥江，经过绍兴市，向东汇入宁波市甬江入海，与海上丝绸之路相连。浙东运河最初开凿的部分是位于绍兴市境内的山阴故水道，始建于春秋时期。西晋时，会稽内史贺循主持开挖西兴运河，到南北朝时以渠化天然河道为主的运河体系已初步形成。唐朝的浙东运河在绍兴以西有局部改建。宋朝是浙东运河的形成时期，北宋仁宗时期，就大规模疏浚过浙东运河。南宋绍兴初年，宋高宗到越州，见到河道浅涩，又命令上虞县令调集民夫浚治，不久，又开浚余姚境内的运河河道。南宋定都临安后，浙东运河和江南运河一起成为南宋的生命线。浙东运河的运输需求量加大，地位更加重要。南宋先后开凿西兴运河，又开凿了其他浅涩河段，并开通明州（今宁波）、定海的入海通道。

3. 海上丝绸之路的兴旺

南宋时期，得益于造船技术和航海技术的提高，指南针的发明使用，海外贸易成为南宋经济繁荣不可或缺的一环。这就催生了海上丝绸之路的繁荣。远洋的商船有6层桅杆，4层甲板，12张大帆，可以装载1000多人，航行于世界各地，令世界各国的人民惊叹不已。据《岭外代答》《诸蕃志》等书记载，南宋商人前往从事贸易的国家有20多个，远达波斯湾沿岸，同南宋有直接或间接通商关系的国家总计50多个。当时的广州和泉州都是当时世界上有名的大商港，明州港（宁波）的规模略逊于广州和泉州，却是面对高丽、日本的重要海上商港。进口商品以原材料与初级制品为主，如香料、珠宝等。出口商品则以手工业制成品为主，如丝织品、瓷器等。海外贸易可谓生机勃勃，商品经济的大繁荣，萌芽早期的资本主义生产关系。

4. 对外经济文化交流的桥梁

海上与内陆贸易的通道。随着南宋海外贸易的发展，运河出海口、东南沿海的港口成为新的贸易中心，特别是明州（宁波），凭借经余姚江、曹娥江与杭州联系起来的水路以及浙东运河，当时实际上成了大运河的南端终点。来自海上丝绸之路的远洋大帆船大多在宁波卸货，转驳给小帆船，再由这些小船沿运河转运到杭州、长江沿岸港口以及中国北方沿海地区。而长江下游地区的产品则运到宁波集中出口。宁波港和浙东运河，实际上为大运河提供了河海联运、接轨内外贸易的优良水道与港埠，是大运河连接世界大通道的南端国门。瓷器等出口产品通过浙东运河运往宁波，再通过海上丝绸之路运往海外。日本、越南、高丽等地的产品也通过浙东运河运往京城。当时临安对外贸易相当发达，有日本、高丽、波斯、大食等50多个国家和地区与南宋有使节往来和贸易关系。

对外文化交流的纽带。南宋在发展经济的同时，也加强了中外的文化交流，促进各国经济、文化的发展，开辟了古代中国东西方交流的新纪元。浙东运河不仅是古代中外货物交流的通道，也是文化交流的重要通道。宋朝以来，高丽、日本等到中国交流的僧人大多由这条水路进入中原。出使南宋的外国使节也往往从宁波登岸，再经由浙东运河前往临安。明朝，宁波成为接待日本贡船的唯一港口，贡品通过浙东运河前往京师。日本求法僧通过来南宋学习交流，带回了宋代的大批书籍和雕版印刷技术。海上丝绸之路的开通，使善于行船和经商的阿拉伯人大批从海上来到中国，并沿运河来到内地。

三、两宋都城文化遗产的保护与利用

（一）开封（汴梁）的北宋文化遗产

开封历史积淀厚重，人杰地灵，文化脉络源远流长，曾有过数千年的辉煌历史。尤其是北宋王朝开创的灿烂文明，留下了众多的遗存，且不说北宋开元寺的铁塔、北宋砖饰木结构的繁塔、身居闹市的大相国寺等，就是深埋地下的宋朝州桥遗址、堪称世界奇观的城摞城地下博物馆，也让人目不暇接。

开封铁塔。又名开宝寺塔，建于宋皇祐元年（1049年），因塔的外表颜色近似呈铁褐色，故俗称“开封铁塔”。塔为八角13层，砖塔身细而高，塔的外部用经过精密设计、专门烧制的各种形状结构的琉璃砖砌成，充分反映了宋朝的建筑工艺。登12层可以看到开封全景，被称为“开封八景”之一的铁塔行云。

开封龙亭。开封龙亭大殿位于龙亭公园内，五代中的后梁、后晋、后汉、后周相继在此建皇宫。北宋时的皇城（包括皇宫）亦在此，称之为大内。金代后期，亦以此为皇宫。目前的开封龙亭公园按清万寿宫布局而建的古建筑群体，自南向北由午门、玉带桥、嵩呼、朝门、东西朝房、照壁、龙亭大殿、宋朝蜡像馆、东西垂花门和东西跨院、北宋东京城和皇城模型、北宋皇城拱宸门遗址、《五岳真形碑》方亭、北门、东便门等组成。

开封大相国寺。原名建国寺，是中国著名的佛教寺院，始建于北齐天保六年（555年），唐朝延和元年（712年），唐睿宗因纪念其由相王登上皇位，赐名大相国寺。北宋时期，相国寺深得皇家尊崇，多次扩建，是京城最大的寺院和全国佛教活动中心。据《东京梦华录》记载，当时的东京佛教第一大寺相国寺内有64院及中庭长廊，可容纳上万人，每月初一、十五、初三、十三、初八、十八、二十八开放，僧侣香客、文人墨客、域外使客、百姓游客出入其间，“千乘万骑，流水如龙”，可见文化交流、商贸人流量之大。

（二）临安（杭州）的南宋文化遗产

南宋给杭州留下的历史遗存主要是西湖和南宋皇城遗址。在凤凰山麓下沉睡870多年的南宋皇城大遗址是不可多得的历史瑰宝，其与西湖文化景观同为杭州这座历史文化名城最重要的标志。南宋定都临安150多年，但地面上除了一个岳庙（其实也是清朝重建），南宋没有给杭州留下任何建筑物。现在发现的南宋遗址都在地面5米以下，比如大内、太庙、御街、官窑遗址等。

1995年9月，杭州市紫阳小区建设工地发掘出南宋太庙东围墙、东门址和大型建筑台基，是迄今我国发现的时代最早、保存最好的皇室太庙遗址，地下文物遗迹极为丰富。南宋太庙是南宋皇帝祭祀祖先的宗庙，始建于南宋绍兴四年（1134年），是仅次于皇城的另一处重要场所。1996年，杭州城南乌龟山下的“郊坛下官窑”和位于凤凰山上的“修内司官窑遗址”先后被发现，建起了南宋官窑博物馆，实证了当年杭州的繁华。而西湖的南宋遗产还有形成于南宋的“西湖十景”，分别为苏堤春晓、曲苑风荷、平湖秋月、断桥残雪、花港观鱼、柳浪闻莺、三潭印月、双峰插云、南屏晚钟、雷峰夕照。

（三）两宋都城文化遗产的保护与利用原则

两宋都城文化遗产是我国城市文化遗产的重要组成部分，首先应当保护好，在保护的前提下，做到适度利用。具体要坚持五条原则。

1. 城市遗产必须坚持保护第一

如今，保护城市文化遗产已经成为全社会的共识。都城文化遗产的第一属性是遗产，我们要从遗产不可再生的高度来认识保护工作的重要性，坚持保护第一，对深埋地下的城市文化遗产绝不主动发掘。首先，必须明确保护是第一位的，保护是为了更好地利用。由于历史的原因，两宋都城都深埋在地下，所保存的各类文化遗产已经很少了，有的文化遗产甚至破损严重。仅存的文化遗产见证了城市发展的历史，这些记忆，很多都已经被一点点抹去，或者正在消失。保护都城文化遗产还要坚持整体性保护，就须将构成都城文化遗产的各类历史文化和生态环境要素进行整体保护。既保护地上的文物，也要保护地下的文物；既要保护城市物质形态的建筑，也要保护精神形态的两宋文化，包括两宋的历史文脉和发展的历史痕迹等。

2. 保护要坚持惠及民生

都城文化遗产的保护，应尊重公众的知情权、参与权、监督权，充分听取和吸纳遗产地当地社区和公众的意见和建议，满足其正当利益诉求。不能为了搞开发或打着便于后期管理的旗号进行大规模拆迁、搬迁，要尊重当地民众自由选择生活方式的权力，避免把“活的”遗产变成展品。一方面，在涉及都城遗产保护整治的项目中，加大基础设施建设力度，改善生态环境，提高居民生活质量。在保护会馆等运河文化遗产时，必须保证居民的生活，让居民活得更有尊严。如果居民不愿意搬迁，或暂时不具备搬迁条件，要采取“跳出古城建新城”，在古城保护中充分保留居民的生活状态和历史印迹，使遗产的历史风貌得以完整保留，而且历史文脉得以延续。另一方面，通过对历史街区的建筑进行生态化改造，解决通水、通电和污水管道难题，解决停车难题，通过改造历史建筑的生活设施，如装自来水，改造电力线路，提高消防水平，从而提高居民的生活质量，让历史街区的老建筑宜居宜游。

3. 城市遗产的合理利用是保持其生命力的根本路径

保护是利用的基础，只有保护好遗产，才能更好地利用。合理利用也是为了更好地保护。城市遗产跟民众的现实生活紧密相连，遗产保护成果真正惠及民众，民众才会衷心地拥护，才会积极参与城市遗产保护，文化遗产才能有尊严。城市遗产展示利用工作要做到以服务公众为目的，尽最大可能将城市遗产资源向广大公众开放、展示，通过展示利用传递历史文化知识，丰富群众精神文化生活。要根据城市特点，探索遗产展示利用的具体形式、手段和做法，争取把所有的都城遗产都充分、合理地利用起来，并且用好、用活，充分发挥遗产传承文明、教育公众、促进发展、改善民生、扩大中华文化影响力的积极作用，以展示利用反哺遗产保护，使城市文化遗产真正成为城市的新形象、新亮点。要正确处理好保护与利用的关系。一方面要科学合理地利用遗产资源，另一方面要在利用中探求遗产的有效保护，使保护利用步上“保护—利用—保护”的良性循环，构筑城市文化遗产保护体系。

4. 做到保护与利用相统筹

目前，两宋都城遗产做了一些利用，如开封的宋城遗址、大相国寺、开封龙亭，杭州的宋城大街、河坊街等。因为两宋城都遗产的特殊性，从整体上看利用效果并不太好。长此以往，文化遗产势必如同无渊之鱼，面临无人问津、日渐衰败的威胁，失去保护传承的机会。作为建筑遗产，都城必须利用起来，如果不用，建筑年久失修，最后都会倒塌。要按照统筹兼顾原则，妥善处理好保护与利用的关系，既要做到以服务公众为目的，应尽最大可能向广大公众开放、展示，通过展示利用传递历史文化知识，丰富群众精神文化生活；也要遵循适度利用的原则，弘扬文化遗产价值，激起市民的民族自豪感，而不能因为过度利用造成对文化遗产的破坏。都城遗产的利用工作要以保护为前提，任何一项利用都不能破坏遗产、损害遗产，要做到最小干预，尽可能创造有利于保护的环境条件。要始终把保护城市遗产放在首要位置。利用以保护为基础，科学适度地利用，考虑长远利益、保护遗产资源、传承古今文明。具有观赏价值的城市遗产，可以开发旅游，适度的旅游使公众能够享受城市遗产，感受都城传统文化。但是，不要将城市文化简单化、商品化，要尊重遗产的历史和过去，结合今天赋予的新使命及遗产蕴涵的新价值，以合理的方式让城市文化遗产延续利用，实现可持续发展，将祖先留下来的这份珍贵遗产传承下去。

5. 城市遗产的保护利用必须准确把握其价值属性

城市遗产利用必须建立在对其遗产价值的准确把握和阐释之上。对城市建筑遗存进行保护性修复，特别是对内涵丰富的遗产，保护其外观、形制和风貌，在内部整饰和发挥功用上可以减少限制，绝不能把仿古重建作为运河遗产保护的主流，对已经不存在的遗址原则上不提倡恢复重建，而要采用标志物的方法加以展示。城市遗产利用要建立在对城市历史、整体价值的深入研究、准确把握的基础之上，要突出城市遗产整体价值和功能特点，增进公众对遗产内涵的正确认识和深入理解。不仅要保护城市物质遗产，而且要保护城市非物质文化遗产及传承人，将两宋时期的民俗民风、戏曲歌舞、书法绘画、文学艺术等有特色的各种文化，加以整理研究，发扬光大。把正在破碎的非物质文化遗产通过两宋都城文化遗产连缀起来，成为今天新的遗产资源，为今天经济社会的发展服务。

城市文化遗产的保护和利用工作是一项长期而复杂的系统工程，作为两宋的都城，开封和杭州两座历史名城的城市文化遗产有很多共通之处，两地需要携手合作，共同做好城市文化遗产的保护与利用工作，两宋论坛就是一种好的实现形式。祝愿两地共同努力，把祖先留下的这份珍贵遗产保护好、继承好、发展好，实现城市的可持续发展，这也是历史赋予当代文化遗产工作者光荣而艰巨的使命。

作者简介：姜师立，扬州大学苏中发展研究院特约研究员，扬州市文联党组书记、主席。

参考文献

吴晨，等，2014. 京杭大运河沿线城市[M].北京：电子工业出版社.

蔡东藩，2014. 宋史[M].北京：北京联合出版社.

张家驹，2015. 赵匡胤传[M].北京：中国书籍出版社.

陈开勇，2010. 宋代开封[M].北京：中国社会科学出版社.

姜师立，2019a. 中国大运河文化的内涵、特征及分类研究[J].中国名城(02):84-89

姜师立，2019b. 中国大运河文化[M].北京：中国建材工业出版社.

安作璋，2006. 中国运河文化史[M].济南：山东教育出版社.

蒋杏，2019. 南宋王朝[M].武汉：长江文艺出版社.

姜师立，2014. 京杭大运河历史文化及发展[M].北京：电子工业出版社.

何忠礼，2008. 南宋政治史[M].北京：人民出版社.

孟元老，2013. 东京梦华录[M].北京：中国画报出版社.

大运河

运河走笔

推荐语

『运河走笔』篇汇集四篇佳作，《南下，北上》既是足迹的行走，也是精神的游弋，更是情感的抚摸，一条水路，烟波浩渺，从南至北，水汤汤，情长长；《千年惠济桥》笔墨从一座桥荡开，那是历经过千年风雨、承载着城池喜怒的桥，而千年运河魂、兴盛看今朝，运河文化之水、生态之水必长流不止、生生不息；《扬州览胜》听一位擅长写词的作者引经据典，娓娓道来；《夜游苏州运河》则带领读者在一个夜晚，在运河的水上，乘着画舫，推开涂着清漆的木质雕花小窗，领略水城苏州，发出『所谓天堂，也不过如此吧』的慨叹；《我与大运河的记忆篇章》从大运河的往事说起，史海钩沉、记忆沉淀，让风掠过水面、让拍打在岸上的浪潮声记住那些诗句、那些故事。

——贾志红

南下，北上

刘　琼

沿着运河完整地走一圈，一直是我的愿望，因此陆陆续续看了很多关于运河的资料。

今年付诸行动，实地走了两段。

运河这两年受到的关注似乎多起来，一些曾经断流或者被废弃的河道也重新流通了，比如距离北京只有一个小时高铁车程的运河沧州段。

出北京，往南方走，报站名，第一站是天津，第二站就是沧州，似乎成了雷打不动的“标配”。三十多年来，来来往往，或专程，或路过，印象中，沧州作为典型的北方城市，虽距离渤海不远，但干旱、缺水，尤其缺淡水，到处是盐碱地。在这样的长期印象中，不会把沧州与流水潺潺、岸柳飘拂的运河景致联系在一起。当然，这是我的认知盲区。事实上，沧州，“沧海之州”，虽得名于海，中兴却与运河休戚相关。

“长河日暮乱烟浮，红叶萧萧两岸秋。夜半不知行远近，一船明月过沧州。”这是清朝诗人孙谔当年乘船路过沧州写下的诗句。如果用数字来量化，全长216公里的运河沧州段，约占整个京杭大运河总长度的八分之一，也是京杭大运河流经里程最长的城市。之所以会形成单个城市最长流程，是因为运河过沧州城时，在城中央形成了一个特别大的“Ω”字形弯道。古人修建弯道，当然不是为了审美，而是以此减缓流速，便于往来舟船在此停泊靠岸。沧州境内有个县，名叫

“泊头”，应是运河航运时代遗留的痕迹。

与很多河段一样，沧州这段运河，开凿的年份不止一个。最早开凿历史，大概要追溯到东汉曹魏时期，当时称为平虏渠。隋朝在此基础上进行了疏浚。唐宋之后，这段河渠被称为御河或卫河，成为京杭大运河南运河的组成部分。运河沧州段运力自元朝以来一直很强，以各种身份在此定居者也渐渐多起来。直到20世纪70年代末，由于淡水资源严重匮乏，才逐渐断流乃至干枯。丧失航运功能后的沧州，似乎也随着运河，淡出了公共视野。

去年，有新闻说沧州城里的运河疏通了，在河弯的原址建成大运河湾公园。不免心动。2023年6月中旬，拜高铁所赐，终于在好奇心的驱动下实现了沧州运河之旅。流动的运河，成为沧州的绿肺，曾经粗糙的北方城市因此有了湿气和秀美之意。人不多，坐在游船上，蜿蜒曲流，不须远眺，民宅、塘柳与公共设施点缀其间，蔚然成观，津浦铁路的给水所、面粉厂小楼等具有历史时代感的建筑物，以及华北地区的一些有现代代表性的建筑，也一一尽收眼底。当然，运河沧州这段，目前还仅限于旅游，真正与生产实践有关的河运有待重启。

运河的重要功能是漕运。在公路、铁路不发达时期，河流的运输作用尤为突出。其实，无论是河运还是海运，其本质都是水路交通。今天，在高新技术的支撑下，高铁、飞机等交通快捷便利，一日之间可飞渡天南地北，空间距离缩短，时间成本也极大地节省了，这是今日之快。今日之快反衬出从前之慢。从前，由于“慢”，诞生了许多生产生活形态。比如在运河边出现了许多码头。运河边之所以陆陆续续出现许多码头，形成人群聚集场所，一方面，是因为在以人和牲畜为交通驱动力的时代，人和牲畜需要“续航”“蓄能”，这些场所可以休息、吃东西，同时也可以进行娱乐活动以放松精神；另一方面，码头是南来北往的货物集散地，商贾云集于此，也是这个道理。渐渐地，运河岸边，大码头发展成越来越有规模的城市，比如扬州、苏州、杭州。小码头更多，形成了星罗棋布的小集镇。

以沧州为例，各地货船进北京之前，到此处，通常都要停下来。一是人要吃饭、休息，同时向京城报送抵达信息；二是一些货物要上岸建仓堆放，以待交易。查看各种文书，会发现自古以来，围绕都城通常都会出现一些“卫星城市”。这些“卫星城市”是中央和地方的缓冲地带，可以存放货物，也可以作为寓所疏散人口。元朝以后，北京成为国家的政治中心。从北京出来，沿着交通要道，慢慢形成了天津、沧州之类功能丰富的“卫星城市”。

大运河出名，历史古老悠久是一个重要原因，还有一个重要原因，是这条河流与人们的关系极其密切。

人类逐水而居，水是生命之源，水流成河，河流也是交通要津。江河澎湃，溪水潺潺，由流水而生发生意、诗意。流淌在广阔大地上的诸多河流中，大多河流是大自然的馈赠，少数河流由人工开凿而成。我国境内有三大自然而然形成的水系，除了长江，黄河和雅鲁藏布江近水居住率都不高。雅鲁藏布江流域地势险峻、深沟险壑多，人口居住不易。黄河上游弯道多、落差大，中下游泥沙淤积、河床高、水质差，加上过去防洪固堤工程不过关，黄河曾经是水患灾难的象征，近水常住人口相对较少。长江流域的居住率较高，很大一部分原因是因为与百姓生产生活关系密切。

大运河也如此。无论是隋唐大运河还是京杭大运河，大运河流经区域都是千里平畴、人口居住密度大的平原地带。隋唐以来，因为有计划开凿的缘故，围绕大运河两岸，慢慢形成了许多人类定居场所。大运河大多绕城或流经城市中央，成为城市发展的母亲河。京杭大运河流域尤为典型，流经城市人口密度大，政治、经济、文化生活十分活跃。

我对大运河最早有记忆大概是六七岁，之前可能也听说或见过，但全无印象。

夏天跟着祖母去乡下姑姑家走亲戚，快到饭点儿了，姑父从外面匆匆回来，拎着一个小竹篮，里面躺着一堆活蹦乱跳的杂鱼，说是渔船刚从大运河里打上来。

“运河”两个字，就这样飘进了耳朵。

待到稍长几岁，也曾试图寻找这条叫作“运河”的河。无法近到跟前，小表妹们领着我爬上一条长长的斜坡，站在内河岸边一个叫小河嘴的地方，眺望外河那片大水。那片大水，在我的心中，彼时就是对“烟波浩渺”一词的最直观的阐释。许多年之后，那一眼的“惊艳”依然还待在记忆中。

与此同时，这条叫作“运河”的河，到底是大运河的哪一段？忍不住去想这个问题，翻书、找地图，皆无果。我的家乡距离扬州、淮安都不远，小的时候随时可以碰见扬州皮匠、淮安厨子，就连唱着“咿咿呀呀”难懂的扬剧的老人们也会喜欢。大运河从扬州、淮安出来，向南，到杭州之前，弯弯绕绕，支流或流经芜湖？我看到的那片浩渺的大水是运河吗？这个疑问迄今没有答案。倒是去年，在网上看到一则消息，说新近开航的江淮运河作为引江济淮工程的重要组成部分，从河南周口，经过阜阳、合肥，到达芜湖，相比原先通过淮河水运绕道京杭大运河沟通长江，可节省航道里程200公里至600公里，从而结束了淮河中游与长江中下游水运不畅的历史。这是新开航的江淮运河，与大运河或江南运河还不是一回事。

我们通常所说的大运河，其实拥有一个大家熟悉的名字，叫“京杭大运河”。但严格意义上来讲，这么叫并不恰切。因为历史上的大运河，虽然只有一个终点，即今天的杭州拱宸桥，但有两个起点，一个是涿郡，另一个是河南洛阳。北京和洛阳都是古都，从古老的程度看，当然洛阳在前。隋炀帝迁都洛阳后，下令开凿大运河，以洛阳为中心，南至余杭（今杭州），北至涿郡（今北京），流经河南、北京、天津、河北、山东、江苏、浙江、安徽。这项浩大的水利建设工程，被称为隋唐大运河。隋唐大运河地跨8个省（直辖市），是名副其实的中国古代南北交通大动脉。

隋唐大运河自然是洛阳“本位”。有意思的是，隋炀帝杨广与吴王夫差这两位在当年的果敢作为，其实造福了后人。当然，隋炀帝杨广下令开凿大运河，大力发展漕运，除了经济发展，也有政治图谋，是想借此将朝政力量向东倾斜。

到了元朝，政治中心移到北京后，元世祖忽必烈下令开凿济州河、汇通河、通惠河，将大运河向北取直，重启航运。在这次大基建活动中，洛阳出发的这段东西向的大运河，由于泥沙多、水质差、通航不畅，被元朝主政者抛弃了。从此，大运河的起点就落在了北京，“京杭大运河”的名声越来越大。

差不多三十年前，我刚到北京工作的时候，偶然认识对北京地理地貌特别熟悉的专家——当然他本身也是北京当地人，说北京原本是一个水系贯通的水城，空气湿润，树木葱郁，只是修二环时这些水系都被掩埋在地下了。我当时没有深问，因为缺乏常识，以为这个所谓的水城，就是像伦敦等欧洲城市那样人工修凿了地下水排污系统。最近看了与通惠河有关的文字，才知道当年漕运繁忙，通惠河是一直挖到了城中央，今天还在使用的海运仓、禄米仓等地名，都是漕运货船沿着通惠河直接进城卸货的仓库名。

无论古今，水利建设对于统治者来说始终是一桩重要的事业。时局不稳，要打仗，河流是大规模运输武力物资的要津。“善治国者，必先治水。”以大运河开凿的“始作俑者”吴王夫差为例，“夫差北上大会晋鲁各国于黄池，以称霸中原，乃自淮入泗，自泗入沂，至鲁、宋各国境内，将不相连接的水道凿通。东自今江苏沛县，经山东之单县、曹县及河南兰考、封丘等县，西达济水。”根据《史记·河渠书第七》对于夏禹治水以后至春秋战国时期兴修水利的记载，“吴王夫差为伐齐国，自江苏扬州引长江水，开凿邗沟。”到了7世纪，隋炀帝杨广迁都洛阳时，隋已是统一的王朝，“为了控制江南广大地区，使长江三角洲地区的丰富物资运往洛阳，于大业元年（605年）下令开凿洛阳到江苏靖江（今淮安市）约1000公里长的通济渠，直接沟通黄河与淮河的交通，并改造邗沟和江南运河；大业四年（608年）开凿从洛阳经山东临清至河北涿郡（今北京西南）长约1000公里的永济渠，连同584年开凿的广通渠，形成多枝形运河系统。再于610年开凿江苏镇江至浙江杭州长约400公里的江南运河；同时对邗沟进行改造。这样，洛阳与杭州之间全长1700多公里的河道，可以直通船舶”。上面这两段引文，都是引自《中国大运河文化研究文丛》。看得出，这套书的编辑下了很大功夫，以大运河为主题，散文、随笔、访谈、诗歌诸文体皆备，从历史到现实，信息量委实不小。我是每一本都收藏。这是题外话了，但这套书确实触动了我关于大运河文化研究的一些想法。

历史是多面的，人也是多面的，从夫差的言行举止，我们至少可以推断这是一位“雄心勃勃”的君王。兵马未动，道路先修，夫差当年立志攻打齐国，做了大量准备，包括下令开凿邗沟、黄沟等。水道疏通后，吴国兵马粮草顺利北上，并取得战功，这是夫差人生的“黄金时段”。但恋战的夫差把优势兵力长期押在北方，以致后方空虚，被卧薪尝胆的越王勾践偷袭成功。不知道吴王夫差在临死之前会不会感叹“成也邗沟，败也邗沟”。

天下大定，河流作为道路，在漕运和经济文化交流方面功能突出。元朝时，通惠河“上自昌平白浮村引神心泉，西折南转，过双塔榆河、一亩、玉泉清水，至西水门入都城，南江为积水潭，东南出文明门，东至通州高丽庄入白河”。现在所见的通惠河大幅减缩，大致是从东便门向东，流经高碑店、双桥，之后经通州城关镇，在北关闸下600米处汇入北运河。

第一次在北京通州之外见到京杭大运河，应该是二十年前在天津的杨柳青古镇。元朝重启漕运，京杭大运河由江苏淮安经宿迁、徐州，直上山东，之后由沧州、天津抵达北京。“堤畔筑驿，树以柳”，说的是隋朝工兵一边开凿运河，一边在岸上植柳的情形。杨柳青如此富有诗意的地名，或由此而来。“先有杨柳青，后有天津卫。”舟船停泊，商铺林立，京杭大运河的南运河段穿杨柳青而过。杨柳青曾被称为“沽上扬州”，是天津卫的门户，也是京杭大运河出北京城后的首要漕运码头，明清政府从异地征迁移民安置在此，可见当年之繁华热闹。

我只去过一次杨柳青，是看木版年画。二十年前，运河岸边的仿古集镇也已修得很有规模，一律是华北平原清代民宅样貌，灰墙，灰瓦，砖缝勾勒细致。运河近在咫尺，水面窄，对岸的一草一木都看得清楚。看着看着，脑海里突然就蹦出金庸武侠小说关于乾隆顺着大运河七下江南路经杨柳青的精彩片段。

金庸的小说是不是写到古靖江，即今淮安，不大记得了。在淮安城里见到运河的那天，青松修竹码得整整齐齐的船队正列队而过。到淮安，是参加作家徐则臣的长篇小说《耶路撒冷》研讨会。徐则臣这些年写运河出了名，最有名的当然是《北上》。《北上》为作家徐则臣争得了大荣誉。《耶路撒冷》也写大运河，比

《北上》还写得早，写得真切，把淮安这个大运河边古城的风貌和人情世态用小说的笔法形象地勾描出来了。如果对淮安和大运河有兴趣，可以看看。

我在淮安，看到了古码头上的烟火。尽管大运河停运，商旅往来少了，时光仿佛一寸一寸地在向后移动，但是古码头的原住民还是本着旧习惯生活。他们坐在巷道的竹椅上纳凉，当街放着烧饼炉子，偶尔还会有新老顾客来光顾生意。大运河上偶尔也会有船只行走，这是新生活中依然延续的一缕旧岁月里的气息。既熟悉，又陌生。

大运河的起点虽有大改变，但终点在杭州始终没变。对于我来说，有遗憾的是，虽然曾经在杭州待了整整三年，拱宸桥下曾骑车多次路过，但却不曾停留下来看一看桥下还在流淌的运河水。也难怪，杭州城里好地方多了去了，灵隐寺、虎跑泉、九溪、北高山、钱塘江……跑都跑不过来，谁还会想到大运河呢？记得早年在文物专家罗哲文先生家里，听他谈论与大运河有关的人和事，以及谈论大运河当代保护的问题。后来，大运河申遗项目也是在罗哲文等几位先生的主持和张罗下完成。在2014年6月22日大运河项目完成整体申遗前，“几乎停止工作”的大运河，似乎已经被世人遗忘了。

与大运河同时被遗忘的还有运河两岸的码头和一些城市。大运河从北流到南，流经广大的东部平原，沿河发展起来的城市既是一个个独立个体，又有因河而生的码头城市共性。在河运畅通之时，它们像珍珠一样，串联、汇聚、闪光，形成大运河文化带。钩沉追忆，隋唐大运河沿岸城市开封大概最失落。北宋张择端精描细绘的《清明上河图》，是开封的“高潮时期”。开封当时叫“东京”，属于一线城市。开封今天已经跌出二线城市，直追三线城市。开封的跌落，大运河改道不是唯一原因，但这一因素杀伤力很大。比较起开封的失落，扬州更是五味杂陈。春秋时期，长江的入海口在扬州。面江、临海的扬州，交通便利，物产丰富，人气旺盛。邗沟故道曾是大运河水系最早开凿的一段河渠，“吴城邗沟通江淮”，吴城即今扬州。邗沟故道又叫山阳渎、里运河、淮扬运河，从今扬州螺蛳湾桥至黄金坝，全长1450米。元朝以后，邗沟向北，与永济渠、通济渠、江南运河贯通，沟通海河和黄河两大流域。

隋唐大运河贯通后，扬州成为运河沿岸最为繁华热闹的码头，建城早。“腰缠十万贯，骑鹤上扬州。”在古典诗词里，扬州也是出镜率和美誉度可以排前三甲的城市，很长时间内，都是当时人的理想居所。因河运而兴盛的扬州，如今也名列三线城市。从“前三甲”到“三线”，扬州城的兴与水运有关，衰也与运河弃用有关。当然，也不能把一切罪过都推给“运河弃用”。同属运河文化带的苏州、杭州，似乎就不吃这一套，依然是今天全国经济文化发展的重要城市。这里面的道理说来话长，应该可以好好做一篇文章。

这些年，地方政府对大运河的保护意识增强，保护理念更新了，保护方式开始多元化、实事求是起来，大运河周边生态好转。正是在这样一个大背景下，一些大运河的河段开始重新通航，大运河回归河运本色。

大运河的漫长，既是实指也是虚指，既指空间的漫延也指时间的悠长。

2023年5月到洛阳公差，看完偃师二里头遗址和北邙山，有人建议去看看大运河码头。这让我有点意外。记忆仿佛已经把洛阳与大运河的关系屏蔽了。教科书上其实写得明明白白。隋炀帝因为经济原因，大举国力开凿大运河，以洛阳为中心，向南抵达余杭——即今天的杭州，向北抵达涿郡，贯通海河、黄河、淮河、长江、钱塘江五大水系，主要水源为微山湖，全长约1794公里，是世界上最古老的运河之一。所谓“最古老”，是从春秋末期吴王夫差为争霸中原疏通长江中下游古水道而开凿胥溪、邗沟、黄沟三条人工河流开始计算。

邗沟开通后，从太湖出发，沿胥溪西上，到芜湖后转入长江。胥溪西上，从芜湖注入长江，这条水路，难道就是我年少时看到的那条烟波浩渺的大水？

作者简介：刘琼，艺术学博士，中国作家协会小说委员会委员，《人民日报》文艺部副主任，现居北京。著有《聂耳：匆匆却永恒》《通往查济的路上》《花间词外》《格桑花姿姿势势》《徽州道上》等著作。曾获《文学报·新批评》优秀评论奖、《雨花》文学奖、《当代作家评论》优秀论文奖、中国报人散文奖等。

千年惠济桥

周　强

一座桥，历经了千年的风风雨雨，承载着一座城喜怒哀乐，见证着一座城的历史发展和文化变迁，氤氲着一座城千百年来的繁华和沧桑，成为古老商都独特的历史文化符号和长久记忆。

在郑州北四环外离黄河不到3公里的惠济村，藏着一座郑州最古老的石拱桥——惠济桥。

沧海横流，人类在历史长河中如此渺小；历史长存，文字在长长的岁月里如此伟大。

大运河上的明珠

2023年初秋，我开车来到了曾是大运河通济渠畔十分热闹的惠济村——惠济桥。

虽然是初秋，天还十分闷热。阵阵凉风从脸庞掠过，吹过正在拆迁建设的大运河文化广场，吹过上千户正在拆迁而废弃的四五层高的楼房，吹过广场南侧柔软的一大片郁郁葱葱的绿地。

在惠济桥遗址公园入口处看到“中国大运河”的石碑，上面记载了惠济桥的由来。石碑背面画着古运河的地图，标注着惠济桥的地理位置。建于隋代的这座石桥，一直沿用到宋元时期。明代嘉靖年间，重新修复该桥。

广场东边有一排长亭，上面写着“惠济古桥广场”，广场上只有一对老夫妇带着他们的孙子玩耍。

“大爷，广场啥时候建的?”

“有五六年了，我们拆迁也五六年了，还没有迁完。”

一代又一代人从桥边走过，现在也全然了无痕迹。至于惠济桥，安静地默默注视着这个喧嚣的世界，抚慰着我们的过去，畅想着我们的未来。

隋唐王朝为了巩固国家统一和加强南北交流，开凿大运河通济渠，形成贯通中原地区和江南地区的漕运通道。百万人在原有运河、自然河流的基础上，开凿了北起北京（涿郡）、南至杭州（余杭）的大运河。从此，繁华江南和锦绣中原被紧密联结在一起，两地的商贸交流、人员往来日趋繁忙，江南文化与中原文化相互交融。

大运河河南段是大运河的根脉和原点，由河南省境内隋唐大运河通济渠、永济渠及京杭大运河会通河三部分构成，已探明河道长度为686公里，流经洛阳、郑州、开封等8个省辖市，与运河紧密相关的共42个县（市、区）。

据文献和考古发掘证实，通济渠东段北起郑州境内黄河南岸，引黄河水南下，流经惠济桥村、堤湾村后折而东去，经索须河注入淮水。它是我国开凿较早的大运河之一，也是中国古代最早的黄淮平原上沟通黄河与济、汝、淮、泗诸河的水道交通网。历史上的通济渠也称惠济河，河上修筑石桥，并以水得名，取名“惠济桥”。

作为隋唐大运河上的一座著名石桥，惠济桥既是隋唐大运河通济渠上的珍贵遗存，也是郑州千年变迁的重要见证。桥下的河道，战国、秦汉时期叫鸿沟，隋朝叫通济渠，唐朝叫广济渠，宋朝叫汴河、惠济河等。

历史上通济渠也称惠济河，河上筑石桥以水得名。这里曾是水运和陆运交汇之枢纽，繁荣一时。曾经是河面舟楫往来，百舸争流，河岸商贾云集，贸易繁盛。朝晖夕阴，气象万千。这里也是“荥泽‘八景’”之一。

如今，喧嚣河道早已不见踪影，惠济河在郑州这一段全部成了高楼大厦。《荥泽县志》中记载：“惠济桥，在县东八里许。昔贾鲁河经流其下，今河徙而南，止存石桥，附居者烟火千家，往来贸迁多会于此”，素有“风流非是竞豪爽，地钟人文萃物华”之美誉。

“野店山桥送马蹄，白沙青石洗无泥；泊船秋夜经春草，明日看云还杖藜。”乾隆十一年（1746年）《荥泽县志》中有咏惠济桥的诗句。

惠济桥两岸的繁华从清知县崔淇所作咏桥诗可见端倪。当年的惠济桥两岸百姓富足，商贸发达。“漕船往来，千里不绝”“公家运漕，私行商旅”，盐业、烟草、药材、丝绸，各种杂货应有尽有，可见惠济桥在当时是重要的水陆码头。

柳枝摇曳，楼阁耸立，青砖雕栏掩映其中。站在这座尘封了千年岁月的石质板桥上，看桥下隋唐大运河10多米长的纵深古道，我想象不出这里曾经的万家灯火、商贾繁华，也想象不到一个衣袂飘飘的女子如何送别她即将外出的丈夫，昔日的水流潺潺、街市嘈杂、车水马龙都随着荡荡秋风了无踪影。

随处可见诗人、名人对惠济桥的赞美诗篇。清朝崔淇就有《惠济长桥》诗作：“彩虹天半落何年，惠济佳名到处传”，也间接说明惠济桥历史之久远。

看到的是沧桑，想到的是繁华。作为曾经的沿黄河东西要道，石板上两条10多厘米深的长长车辙印足以说明曾经的车水马龙，至少说明明清时期是这样的。有人推测桥两侧的2层7米高的桥楼是当时的关卡，可能用于管控车流、人流。

惠济桥是一座由青石雕砌而成的三孔拱桥，东西走向，桥面用青石铺就，长40余米，宽约5米，厚重坚实，豫韵质朴。

惠济桥经历了千年风霜，每一朝代的命名都是不一样的。据史书记载和考古证实，惠济桥已有1000多年的历史，始建于隋唐，延续至宋元，历代多次重修，现存石桥为明朝建筑。

漫步古桥之上，可见桥两侧共建有18根石栏杆，每根栏杆顶部皆蹲着一只姿态各异的石狮子，或威严，或嬉戏，或滚绣球，惟妙惟肖，十分精美，活灵活现，栩栩如生。石狮子背上或脚下也分别有些形态各异的更小的石狮子，可爱又顽皮。

桥头两端各建一座七八米高的青砖塔楼，被称为“风雨楼”，结构精巧，古色古香，供过往行人避风躲雨，整个建筑显得古朴苍凉，坚固耐用。

作为当时水运和陆运的交汇枢纽，惠济桥曾经繁荣一时，商贸非常发达。烟草、药材、丝绸、草编、杂货，应有尽有。据说当年石桥可容三辆马车并排通过。

唐朝诗人王维曾有诗《早入荥阳界》：“泛舟入荥泽，兹邑乃雄藩。河曲闾阎隘，川中烟火繁。因人见风俗，入境闻方言。秋野田畴盛，朝光市井喧。渔商波上客，鸡犬岸旁村。前路白云外，孤帆安可论。”从诗中足见当时的繁荣景象。

一条大河修通，一个朝代谢幕。惠济桥此时可能在想，岁月才是历史的主宰，风流总被雨打风吹去，一批批、一茬茬的人想改变这个世界，没想到总是被历史淹没在时间的长河中。

文化底蕴传千年

“汴水流，泗水流，流到瓜州古渡头。吴山点点愁……”汴水流入泗水，经瓜州古渡口汇入长江，又流向远方。丈夫随流水远行，妻子思念如流水，想念远行人而不得，思无穷，恨亦无穷。

在唐朝诗人白居易的名篇《长相思·汴水流》中，用了三个“流”字，勾勒水的蜿蜒曲折、酝酿低回缠绵的情韵。诗中那条哀怨悠长的河水，就是隋唐时期贯穿南北的大运河，而诗中提到的汴水，就是大运河流经郑州段的通济渠。

曾经，惠济桥下的河属于隋唐大运河，是从黄河向通济渠引水的一段河道。可如今已看不到古河道的痕迹。

随着世事变迁，历经风雨侵蚀和岁月变迁，大运河的重要性逐渐下降。由于在20世纪70年代，惠济桥已经被埋在穿村而过的公路下面，很多人渐渐忘记了这座桥的存在。中国大运河，特别是郑州区域的通济渠逐渐淤废。

古桥在现代出现是因为考古家挖掘而出。2013年4月起，经过考古发掘，惠济桥重见天日，恰如一颗蒙尘的明珠，再次绽放出璀璨的光芒。

惠济桥是隋唐大运河通济渠郑州段的文化遗产，属桥梁遗存，也是我国古代桥梁建筑史上的一颗璀璨的明珠，具有较高的历史价值、科学价值、艺术价值等，对研究隋唐大运河的走向、确定“引河入汴”口门位置具有重要的参考价值。

当年的大运河碧波荡漾，两岸垂柳依依，河面上扬帆的大船、摇橹的小船，来来往往，川流不息，而桥面上是往来不息行走着的车马。运河两侧，是广阔的田野，桥旁的小镇，瓦屋茅舍，生活着勤劳安居的人们。

如今的古运河经过整理，新修了栈道，凉亭掩映在绿树丛中，曲曲折折的林荫小道，石碑上篆刻着描写惠济桥的诗句。远远望去，惠济桥掩映在密林之中时隐时现，美丽的风景让人流连忘返。

在民间，关于惠济桥的来历，还有另外一个传说。在一个大雪纷飞的日子，有个逃荒的孕妇，走到惠济桥村村口突然临产，村头的好心人家连忙点起柴草给她烤火取暖，接生孩子。孩子出生后掉到灰窝上，身上沾了草灰，这个产妇为了感恩村民，给自己刚出生的男孩取名“灰子”。后来，这个孩子竟然中了状元，还当上了官。他为了感恩曾经帮助他们母子渡过难关的村民，在这里捐建了一座桥，取名“惠济桥”。在当地方言中，“惠济”与“灰子”接近同音，以“惠济”命名，既有感恩村民惠济之意，也有纪念建桥者灰子之妙。

这座桥，连通古今，是历史变迁发展的见证者，承载着郑州这座城的独家记忆。

2014年，中国大运河申报世界非物质文化遗产成功，而惠济桥所在的通济渠郑州段也位列其中。

作为现存与隋唐大运河通济渠有重要关联、为数不多的文物，惠济桥被全部发掘出土，给郑州研究“隋唐大运河郑州荥泽枢纽”项目带来重要的实物参考，意义重大。

惠济桥是运河前边的陆路码头，运输便捷，清朝对外贸易中18家最大的编庄曾进入此地进行生产、加工、贸易。其中恒祥编庄规模最大。编庄的制作工艺极为精湛，所生产出来的草编远销日本、美国、英国等国家，并被誉为“桥编”。

惠济桥舞狮源于镖行，因位于郑州惠济桥而得名，起源于清代中期，兴盛于民国时期，距今有200多年历史。惠济桥舞狮是由镖头押镖，为隐藏货物，而采取舞狮打把式卖艺的方式演变而来。

惠济桥舞狮所表现的舞与武、舞与乐、舞与民俗相结合的方式是其主要特征。在长期的存续过程中，舞狮成为体验者和多数民众认知社会和人生的知识形态之一，极大地承载了社会和民众的文化心理和情感需求，具有活态的历史传承价值、文化普及价值和民俗研究价值。

20世纪30年代初，天气大旱，荥泽百姓为求雨，黄河两岸乡镇中的各路舞狮班子在正月初九到惠济桥的天爷庙前进行祈雨表演。从此以后，舞狮渐成习俗。

惠济桥村是一个有民间习武传统的村庄，村中老辈人人人都习武练把式。这里的舞狮同样历史悠久，大约起源于清代。

在古代舞狮是驱邪避害的吉祥物。每逢节庆或有重大活动必有舞狮助兴，历代皆保留着这一传统。随着时代变迁发展，舞狮这项传统民俗风情正在走下坡路，街巷中的舞狮已不复当年水平。在古老的惠济桥村仍然有舞狮身影在坚持，用一头头色彩鲜艳的舞狮召唤着民俗的老记忆与传承。

古运河焕发新生机

遇见一座桥，认识一座城。不久的将来，这个桥，将给郑州这片古老土地带来更多新活力。

作为黄河流域生态保护和高质量发展核心示范区的第一批重点工程，郑州市汴河遗址公园是展现大运河文化的重要承载地，其以惠济桥村为核心，以南北向通济渠故道为轴线，通过大运河遗址展示、历史场景模拟、大运河文化体验、博物展览馆等方式，重点围绕漕运规划、运河仓储、隋唐古都、多元文化交融等文化主题，深入阐释大运河发展中的重要作用。

2021年，河南省地质系统开展了大运河河南段国土空间概念性规划和大运河河南段核心监控区国土空间管控工作，对大运河河南段进行了全面翔实的调查。

经过一年多的调查发现：沿线人口占河南省总人口的一半以上，并以河南省40%的国土面积支撑了全省近六成的经济总量和财政收入。沿线文化资源丰富，分布着7处世界文化遗产，84处全国重点文物保护单位，4处国家级历史文化名城，49项非物质文化遗产项目，是中原文化资源最重要的富集地之一。生态资源禀赋独特，沿线包括2个自然保护区、3个风景名胜区、3个湿地公园、2个地质公园、4个森林公园。

把大运河河南段打造成为中原文化历史核心展示区、旅游文化生态融合体验区、大运河文化开放合作先导区、城乡融合发展示范区和国土空间治理现代化创新区，形成享誉中外的千年运河文化旅游品牌。

据了解，2025 年第十一届中国花卉博览会举办权花落郑州。第十一届中国花卉博览会选址在隋唐大运河通济渠遗址，这也是我国唯一汇聚黄河文明、运河文化、中原历史的文化核心区域，汴河遗址公园将作为该博览会的主会场。这个国家级花事盛会，必将给郑州市惠济区发展带来更大的红利，更深的影响，也将为惠济桥这个古老的村庄带来更多新活力。

悠悠大运河，是历史的宝贵遗产，是流动的文化血脉，更是社会的发展纽带。未来，大运河文化必将成为新时代宣传河南形象、展示中华文明、彰显文化自信的亮丽名片。

千年运河魂，兴盛看今朝。大运河不能只有沧桑的回忆，更要有辉煌的未来，我们将始终怀着敬畏历史之心，在新时代继续延续壮美运河的千年神韵，让大运河文化之水、生态之水，长流不止，生生不息。

作者简介：周强，中国自然资源作家协会会员。《中国自然资源报》《中国矿业报》驻河南记者站站长。发表新闻报道、散文作品200余万字。

扬州览胜

严新东

“春风十里扬州路，卷上珠帘总不如。”初秋时节，天高云淡，我们一行人从苏州驱车400多里，来到有着2500年建城史、素有“淮左名都，竹西佳处”美称的扬州。

我们下榻的西园饭店位于扬州大运河文化旅游度假区，坐落在清代乾隆皇帝行宫旧址，地处瘦西湖景区和商业区的接合部。饭店建筑风格是典型的江南园林式设计，绿树成荫，碧水环绕，小桥流水，曲径通幽。打开客房的窗户，风景秀丽的瘦西湖山色空蒙，湖光粼粼，美不胜收，顿觉心旷神怡。

饭店门前是扬州护城河北岸，河水清澈，宛如一条碧玉带。岸上御码头为青石所砌，当年乾隆游瘦西湖在此登船，历经200多年风雨，完好无损，坚固如初，现成为著名的“乾隆水上游览线”的起点。御码头北面的天宁寺，始建于东晋，现存建筑为清同治年间修复，是中国大运河遗产点之一，与重宁寺隔路相望，并称“双宁”。当年清乾隆皇帝六下江南，走的是京杭大运河，到扬州时向西驶入护城河，从御码头上岸驻跸在天宁寺行宫，接受百官及百姓跪迎，盛况空前。我从御码头开始怀古，信步进入天宁寺，参观郑板桥纪念馆和佛教文化博物馆，出寺门再向东沿着护城河，在梅花岭寻找晚明兵部尚书、大学士史可法墓祠和纪念馆，拜谒这位民族英雄的衣冠冢。他誓与扬州城共存亡，孤军抵抗，兵败殉国，忠贞不屈，梅花般的气节与梅花岭相衬相映。

出纪念馆折返向西，步入冶春园，眼前出现了一把高悬空中的紫砂大茶壶，壶体上镌刻鎏金“冶春”二字和红色印章“茶社”二字。紫砂大茶壶呈45°倾斜，正源源不断地向外倒茶水，造型设计很有创意，给人耳目一新的感觉。一座假山前勒石上记述冶春茶社简况。冶春始于明末，系清朝扬州“八大名园”之一，1877年迁建于现址，田“花社”“诗社”演变成“茶社”至今。著名戏剧家孔尚任题写“冶春诗社”，意为陶冶春色。按景点指引牌，我跨过精美的红桥，到冶春茶社里访古探幽，还找到了孔尚任刻在亭内墙面石壁上的手迹“冶春诗社”，想象着当年，有多少文人骚客来此小酌抒怀，妙笔巧思，留下“扑花十里浓花气，不借笙歌也易醺”等脍炙人口的名句。

这时，一曲耳熟能详的电视剧《红楼梦》主题曲《枉凝眉》从小河对面的红楼里传出，似在召唤着我跨过红桥，循声寻迹。红楼前的草坪上，《红楼梦》雕塑再现林黛玉端坐石上，贾宝玉站在她身后共读《西厢记》的经典场景。西园饭店内有著名的“红楼宴”，大厨参照《红楼梦》中的记载，融合了淮扬菜的特色烹饪调制，叙说着《红楼梦》与扬州的不解之缘。自古“天下珍馐属扬州”，扬州获得联合国教科文组织授予的“世界美食之都”称号，是中国“四大菜系”中淮扬菜的故乡。淮扬菜系大多以江湖河鲜为主料，以顶尖烹艺为支撑，以本味本色为上乘，以妙契众口为追求，雅俗共赏而不失其大雅，尤其是和、精、清、新的独特理念，每一道菜都如同一件艺术品，用餐就像在享受一场美食盛宴。

爬上北面的假山群，高大雄伟的文汇阁就出现在眼前。文汇阁是清朝全国七座专门贮存《四库全书》的藏书楼之一，乾隆四十五年（1780年）建成，咸丰四年（1854年）太平军攻入扬州时遭焚毁，近年在原址旁重建，对外正式开放。踏入阁内，观摩原大、原色、原样影印文津阁本《四库全书》时，忽然想起友人苏州文正书院创办人、苏州民营企业家谢洪正年初花巨资购入线装全套文渊阁本《四库全书》，苏州日报融媒体平台专题作了报道，文正书院五一假日期间还举办了一场专题读书研讨会，邀请我一起参与研讨。此刻，我更深刻地感受到，善于挖掘、提炼，以现代人喜闻乐见的方式方法阐述出来，讲好中国故事，推进文化自信自强，才能大力弘扬中华优秀传统文化，古为今用，推陈出新，助力高质量发展。

暮色四合，华灯初上之时，我们一行四人相约去扬州古城和古运河沿线看风景。沿着丰乐上街，转了几个弯，来到位列中国十大历史文化名街，也是扬州城里最具代表性的历史老街东关街。东关街保持和沿袭了明清时期的传统风貌，记录着扬州城的千年沧桑，是运河文化与盐商文化的发祥地和展示窗口。我们从东关街的最西面走入，街道两旁店铺林立，灯火通明，门庭若市，人声鼎沸。古时扬州繁华第一街，如今繁华依旧。街内坐落着全国重点文物保护单位——逸圃和个园。街两边有体现中华诗画美景的国家级非物质文化遗产扬派折扇、名扬海内外的扬州酱菜、“天下香料，莫如扬州”的谢馥春香粉制作技艺……目不暇接，不知不觉已经到了街的最东面，站在大气壮观的东关古城门下，感受着自古“天下之盛，扬为首”和“杨一益二”的繁盛之韵。

在马可·波罗塑像前的广场上，音乐歌舞声此起彼伏，广场舞主打的是少数民族风格，这在江苏一带很少见，却体现了不同文化的交流和融合。史载唐初盛世，从日本来到中国的僧人都是在扬州城登陆的。而波斯、大食等来中国贸易的波斯人、阿拉伯人，有些是从“海上丝绸之路”前来，先在泉州登陆，然后到达扬州；有些是从陆路沿着“丝绸之路”一路东行，来到长安，接着到扬州，再南下江南。世界各国的商贾在扬州城随处可见。古代扬州是中外合作交流贸易的国际大都市，在促进全世界不同文明的交流、对话、互鉴中起到了重要作用。而今的广场舞以小见大，正好从侧面展现了美美与共、海纳百川的胸怀。

穿过泰州路，我们来到了古运河边，两岸游人如织，热闹非凡。我思绪万千，遥想公元前486年，吴王夫差为了讨伐齐国，争霸中原，筑邗城，开邗沟，连接长江、淮河，最终大运河在隋炀帝时代完成贯通，元朝接力对一些河段裁弯取直，形成京杭大运河。运河浩荡，大气磅礴，历史上曾起到过“半天下之财赋，悉由此路而进”的巨大作用。唐朝的扬州依托运河，濒临长江，面向大海，是南北物资的集散地、“陆上丝绸之路”与“海上丝绸之路”的交汇点、多元文化的大熔炉和“富甲天下”的国际贸易中心。大运河穿越繁华的扬州古城，形成了“通江达湖、城河相依”的景观特色，孕育了名人文化、盐商文化、中西文化等重要文脉，也吸引了李白、杜牧、朱自清等许多有趣的灵魂在此停留。可以说，没有邗沟和京杭大运河，就没有扬州城。古运河扬州段是整个大运河中最古老的一段。扬州境内的运河与2500年前的邗沟路线大部分吻合，与隋炀帝开凿的大运河则完全契合，从瓜州至宝应全长125公里。扬州境内现有10处遗址、6段河道被列入《世界遗产名录》，在中国大运河沿线城市中数量最多、种类最全。

走彩衣巷，过古桥，左拐沿小秦淮河南行。小秦淮河虽然不宽，却是纵贯扬州古城南北的水轴，犹如一条玉带，串起大东门桥、萃园桥、新桥、如意桥等10多座著名桥梁，见证了扬州数百年的兴衰荣辱。岸边青树翠蔓，垂柳拂水，秋蝉几声，一片生机盎然。抬头仰望夜空，月亮又大又圆，分外皎洁明亮，原来适逢农历七月十六，正应了“十五的月亮十六圆”。扬州自古有“月亮城”的美称，其别称来自历代歌咏扬州月的诗歌，特别是唐宋以来，歌咏扬州月亮的诗词不绝。在皓月陪伴下，我们在小秦淮河吹着凉爽的秋风，享受着唐代诗人徐凝“天下三分明月夜，二分无赖是扬州”的意趣，那种愉悦之情，妙不可言。临近文昌中路，河岸西侧飘来一阵蓝调布鲁斯乐风，网红打卡地曼顿小酒馆里坐了很多年轻人，啤酒威士忌加爵士风，勾画出一幅浪漫、活力图景，是扬州的夜间人们生活的缩影。

古色古香的仁丰里是扬州“四大历史文化街区”之一，以传统居住街坊为特色，形似鱼骨状，是全国屈指可数保存完好的唐宋“里坊制”格局街巷。走入巷里，已将近晚上10点，路上行人很少，很多馆所排列在街的两边，永乐琴场、萃庐、奕间工坊、汉服研究会、熊猫张、无念茶社等的名称、门面造型、灯光，都各具特色，美不胜收。

近几年，我习惯每到一座历史文化名城，总要按《词林正韵》填首词以记趣。尽管前几年已为扬州瘦西湖填过一首，但仍然觉得意犹未尽，望着皓月洒辉，泛着银光的扬州古运河，我不禁联想翩翩。是啊，千百年来川流不息、贯通南北的大运河，滋润、造福着中华民族，不仅展现出恢宏大气的壮观身姿，更像一幅寓意中华民族永续稳健发展的盛世图卷。当晚，我欣然草就了一首《念奴娇·夜揽扬州走运河》：

冶春楼外，感秋意，欣快西园无尽。夜走东关，人簇动，兰舫嬉游古运。月洒银辉，风撩翠蔓，曲水天宁隐。蝉鸣丰里，竹西寻觅余韵。遥想吴国春秋，主君兴霸业，邗沟开引。世出扬州，唐盛起，三月烟花诗问。富贵流光，春风十里路，俊携红粉。而今犹喜，运河千古流润。

作者简介：严新东，笔名昕东，中国自然资源作家协会会员，现系江苏某市自然资源和规划局副局长。

夜游苏州运河

王丽梅

苏州是水城，有“东方威尼斯”之称。它沿江临海，傍湖枕河。水是苏州的生命之源，是苏州文化的精髓。

造访姑苏有很多方式，京杭大运河流经苏州，最简单的体验莫过于乘着画舫夜游运河，看夜幕下两岸的灯红酒绿，经过式样不同的各朝拱桥，听着导游撇着吴腔的普通话介绍运河两岸的风景，间或，还有穿着布衣旗袍的小姑娘弹着琵琶，用吴侬软语唱着动人心魄的苏州评弹，体验吴越之地的雅乐余音。

在运河上游船全程15.3公里，航行大约一小时。导游是一位年约50多岁、皮肤黝黑、两眼炯炯有神的中年男人，可能是常年在运河上工作，他的皮肤晒得格外的黑，也显得愈发健壮。不知是有意还是无意，说话间总会流出苏州话，他问大伙“白相”（玩的意思）是什么意思，因为有从小有上海籍的同学，对“白相”一词早已耳熟，感觉方言里与水土相切合，是骨子的自在、妥帖。

乘着画舫，推开涂着清漆的木质雕花小窗，运河上灯光闪烁，游船穿梭往来，有铁船、木船，精致或简约，样式各异。船的马达声、水流声，伴着运河岸边柳树下彩色射灯的影子。此情此景，不禁让我想起朱自清和俞平伯两人同题的《桨声灯影里的秦淮河》。只是这运河自古作为千年漕运的主干，在丰富和调剂各地的粮食、丝绸等物资的同时，还孕育了大量的与之相关的运河文化，比如运河周边的苏州古镇、古街、古关、古码头、古船坊，苏州的饮食文化、闻名天下的苏绣……当我们乘坐的游船经过一座别致的古桥时，导游介绍此处是全国独一无二的盘门三景水路城门，颇以这里的古建筑和文物为自豪。沿岸有一段苏州古城墙，显然，它没有西安的城墙高大结实。船工说，这城墙是仿古建筑，原先的早已荡然无存。

在运河的一座桥边有座伍子胥的雕像。伍子胥是春秋时期吴国君王阖闾的重臣，是姑苏城的营造者。伍子胥曾多次进谏吴王夫差杀了越王勾践，因吴王夫差进攻中原心切，听不进伍子胥建议，又听信谗言，赐剑伍子胥以自尽。伍子胥死后九年，吴国被越国灭。屈原在《九章·涉江》中说到伍子胥："忠不必用兮，贤不必以。伍子逢殃兮，比干菹醢。"夜色下的苏州运河的水"哗哗"地拍打着河岸，发出响亮的声音，似乎在为伍子胥鸣不平。

游船破水前行，运河的水撞击着船身，水流的声音伴着水波的声响，在这夜里格外清晰，这水声让人听着心情舒畅。岸边的绿树显得格外幽暗，一丛一丛的，仿佛里面隐藏着千军万马，绿树梢上有一抹光的清辉，前方古桥上橘黄色的霓虹灯像是在羞涩地眨着眼。

苏州有两个非物质文化遗产：一个是世界级的——昆曲，另一个是国家级的——评弹。苏州评弹是评话和弹词的总称。

游船上一位身着白底粉色红花旗袍、二十出头的小姑娘，左手抱着琵琶，有些羞涩的样子，她简单说了两句客套话，便弹唱了一曲《太湖美》。曾经听过用普通话演唱的这首歌，但听苏州话演唱的这首歌，婉转抑扬，曲调柔美，顿时给人的感觉不同。待曲罢琴住，掌声四起。小姑娘羞涩地用手拢了一下前额的头发，接着又用苏州话弹唱了《茉莉花》和《苏州美》，从未如此近距离地听苏州评弹，如此清丽雅乐在耳边唱响，吴侬软语一旦唱起在苏州运河上，感受最深的是游船经过一座座样式不同的石桥，这也是夜游苏州运河的一大特色。运河上比较有名的宝带桥，又称长桥。关于长桥有个典故，传说唐朝苏州刺史王仲舒，为发展漕运，广驳纤道，变卖了自己束腰的宝带，筹资兴建这座纤道长桥，它的形状美如长虹。

在这条运河上还有一座苏州最高、最大的单孔石拱桥，这就是建于宋代的吴门桥，古时在运河上行船，凡是经过桥必须落篷，只有吴门桥不必落篷。运河上还有一座桥叫“觅渡桥”，因为“觅渡”，让我产生了浓厚的兴趣，我以为是瞿秋白家乡的那座觅渡桥，是巧合？仔细打听，才得知，这桥原为运河渡口，有僧人化缘募捐，在渡口造桥，故又名“灭渡桥”。苏州人的发音轻，听起来灭渡跟觅渡是一个音，下了船，我还真去看了看被称为灭渡的石桥，真是有些年月了，这桥拱高，不小的运煤船和运沙船都能从桥下经过。

苏州是水城，若要切身体验，还真是需要如古人一般泛舟，在千年漕运之上，让自己融入这夜色深沉的遍地风景、处处文物的姑苏夜晚。尽管不是在春风沉醉的夜晚，却也是荷花十里飘香的季节，在画船灯影里看苏州，有一种迷人的醉态。这座城市渐渐褪去了白天的嘈杂喧嚣，古典苏州的静美便随着夜色、伴随着吴乡柔软的吴语，在或急或缓的琵琶声里，在倦怠了的运河缓缓流淌的水上，在枕河人家，在小桥水巷，在月光和霓虹辉映下，在微风的吹拂下，异乡人的心里渐渐弥散出对古老苏州水乡之美的深深依恋。运河边上古老苏州的民居错落有致，白墙黑瓦，万家灯火；有些古建筑被流线型的霓虹点缀，古香古色；在夜晚里别有情致，水上水下，房子感觉别有不同；偶尔有人从石桥上经过，仿佛是画中人。突然想起了卞之琳那首著名的《断章》：“你站在桥上看风景，看风景的人在楼上看你，明月装饰了你的窗子，你装饰了别人的梦。”徜徉在这被静夜装饰了的运河上，眼前的情景真有梦一般的感觉。

这样的夜晚，在运河的水上，遥想，所谓天堂，也不过如此吧？

作者简介： 王丽梅，笔名黎眉，中国散文学会会员，中国报告文学学会会员，中国自然资源作家协会签约作家。作品发表于《人民日报》《文艺报》《文学报》等多种报纸杂志。作品多次获全国及省部级奖项。

我与大运河的记忆篇章

尤文华

若说大运河的往事，那要从公元前486年开凿邗沟算起，2500多年的历史，漫长到一如水流，浩浩荡荡，任何言语都是自说自话。但对生活在大运河附近的人，总有一些与大运河相关的往事记忆，且容我慢慢说起。

一

小时候，我住在西津桥镇。西津桥镇位于与大运河交会的鲁班江边，与枫桥古镇的寒山寺相距不过三四里。

那时候，我坐在爸爸的肩上，去爷爷奶奶家，总要经过一座长长的大桥，桥下河水宽阔。坐在爸爸孔武有力的臂膀上走上黑黑的木头桥时，我知道了这条河名叫大运河，横跨河上的桥叫黑木桥。过桥就是枫桥古镇的江心洲。爸爸顶着我，走过枫桥古镇，一路和街上的熟人打招呼，然后，我们坐6路车，到石路奶奶家。

爸爸在苏州钢铁厂工作，地址在浒墅关镇。因工作原因，爸爸不经常回家。有时候，妈妈休息，就会带上我，走到枫桥古镇，在寒山寺边上的码头上等客船。说是码头，其实也就比我们平时生活用的河埠头稍大一点而已，只是河埠的石壁上多了几个小洞，用来停船拴船。客船每天上午九点多经过枫桥古镇，一直往北，开到浒墅关镇爸爸工作的苏州钢铁厂的码头，再往北，下午折返。我觉得客轮简直就是为我们设计的，一天里可以从枫桥古镇到浒墅关镇，再从浒墅关镇到枫桥古镇往返一次，方便极了。

每当坐这种客船，我感觉自己像过节一样。

客舱内有两排长凳靠着精美的木窗，坐在椅子上，我可以安逸地转头领略窗外岸上的风光。风景时时变化，有时是工厂高高的围墙，有时是碧绿的田野，有时岸边有几块石头组成了踏渡琴（石埠），有时河面上还可以看到成群的鸭子。河上船只往来频繁，有的船身是黑色的，水线以下换成了赭红色；有的装载着石子、沙之类的货船，十几艘船头尾相连，组成长长的船队，我就会默默地在心里数着它们，一、二、三、四……这时候，我往往会大声地告诉妈妈："妈妈，对面的船像水上的火车。"

"嗯。"妈妈一般不会纠正我，随我的思绪去飞。在这些拖船中，我偶尔也可以看到有和我一般大的孩子。他们赤着脚，轻快地沿着船边，从船尾走到船首甲板。虽然他们很是熟练，可看着他们，我总是提心吊胆，别掉到了河里呀。事实上我多虑了，妈妈说他们就住在船上，船就是他们的家。这样说就是了，有的船上还晾着衣服，有人在生煤炉，一副家居的模样。

再近看自己乘坐的船，舷窗外仿佛一伸手就可以摸到河水一样，船儿劈开的水路将水排成了白浪斜纹，我感觉自己就在水里。凝视着浩大的河水，我闻到了河水味。那河水深远广阔，好像能直达到我无法把握的久远，而河水也好像要和我融为一体似的，我感到了畏惧。

妈妈说不要走动，我就真的不敢走动。江南小镇的孩子，一般都不怕水，我却一直不敢和小伙伴们到门口的小河里游泳，或许和这样的出行，看到了河水的深广有关。

是十五只船还是十六只船？

我们北往，拖船南来。我数着，一眨眼，发现数错了，再重新开始数，已看不到第一艘船了。它们太长，开得太快了。

我的话让一位船员叔叔听到了。这位叔叔肤色白皙，微胖，面色和祥，和那些黑黑的船员很不一样。他微笑着拿糖给我吃。没有妈妈同意，我是不会吃别人东西的，但看到他那样和气地微笑着，就伸手拿了。虽然妈妈不允许我走到客舱外面，但他会拉着我的手，带我出舱，甚至抱着我，走到驾驶室。

我跟着他，走到船头，感觉天地特别开阔。特别是船过桥时，仿佛天暗了一下，船在水中摇摇晃晃，令人陶醉。

他好像特别喜欢我。他跟妈妈说，他家也有个女儿，比我稍大点。他喜欢女孩。

每次坐客船，都会遇到这位叔叔。他知道我们去看爸爸，我们上岸时他总会叮嘱我们，下午三点，船回程，千万别错过了。而当我们下午再见时，感觉重逢了一样。

我很好奇，这客船开到哪里，可是我太小了，记不得他告诉我的陌生地名，是无锡，是新安，还是望亭？

后来，客船不再运行。为什么？妈妈说也许坐船的人少吧。我心里惋惜着，那是我去浒墅关镇爸爸工作的厂里最近的路呀。这位叔叔也就一直没有见过。但在大运河上，我感受到了人世最初的温暖与和善。

二

1991年，先生还是男友的身份，他在扬州大学上学，邀我到扬州。

我没有想到，20世纪90年代初的扬州就跟木渎镇似的一个地方，大街上居然还有驴子。这倒是让我兴奋。

他陪我转了瘦西湖、平山堂和个园，问我还想去哪里。我说，瓜州古渡。

他借了辆自行车，驮着我一路往瓜州古渡而去。边骑边问路，扬州城里的人说，一直往南。瓜州古渡？有什么好看的？就是一片水呀。

可是瓜州古渡，在我心里鼎鼎大名啊！

从镇江到扬州，通过瓜州轮渡，我踏上了扬州地界，可是，我想去的瓜州古渡是王安石用“京口瓜州一水间”标注的地方，是“春风又绿江南岸”的瓜州，是唐朝诗人张祜写“潮落夜江斜月里，两三星火是瓜州”表达旅夜愁绪的地方，是“楼船夜雪瓜州渡，秋马秋风大散关”承载着陆游不屈与抗争的地方，是冰冷江水吞没杜十娘怒沉百宝箱的地方，也是《红楼梦》里妙玉流落的地方……

我们一直南行，人渐渐稀少，在公路边看到有个公交站台写着“瓜州古渡”。看来我们到了。眼前荒草丛生，但有条泥路似乎在招引着我们。循着小径，我们走进去，在绿草茵茵的草木前还真的看到竖着的一块石碑——“瓜州古渡”。古朴苍劲的红色颜体字，是了，就是这里。

此刻的瓜州古渡，放眼只看到一片荒皑皑的宽阔水面和四围绿色成片的芦苇。风掠过水面，发出拍打在岸上的浪潮声。若不是一块碑在提醒你这里原来是个古渡口外，那些诗句、那些故事，还有《扬州画舫录》中所说的帆樯如织的场面，都只是文字中的想象了。

哦，我晚来了几百年！

我们沿着石埠走到了江边，江水浑黄，空中还杂着细细的雨丝。“汴水流，泗水流，流到瓜州古渡头，吴山点点愁。”白居易的诗脱口而出，彼时的心境刹那间就在雨雾中笼罩了一层忧郁的气息。

忽然想，有些地方一旦定了位，怎么也脱不了它的气质，就像枫桥。自从张继将月落乌啼、江枫渔火、夜半钟声给它染上了羁旅的忧郁后，后人怎么写都是一种愁苦落寞，眼前的瓜州也同样如此。透过无语东流的江水，我能体味到的仍是当年那种沧桑变化后的风雨飘摇。“人生代代无穷已，江月年年望相似。不知江月待何人，但见长江送流水。”即便月下澄澈空明，瓜州古渡迥绝的空间里依然氤氲着一份邈远迷离。

他说，回吧，真没有什么看的。我刹那间明白了，我心里要去的瓜州古渡其实是诗中的人文之渡，那流向瓜州的流水，有一部分流向了我的心里，成了文化乳汁。

三

1993年冬，和先生结婚，我们将蜜月放到了转年春节。

那时候，杭州是外省市，没有直达汽车，坐火车要从上海转车。我们商量着最方便的路应是坐船。尽管时间长了点，但好在夕发朝至，经过一晚上的航行，第二天早上就能到达。

于是，我们俩从苏州人民桥底下南门码头买了船票上船。正是大年初二的晚上，在船上我们只遇到了一位乘客，而他也只因为拎着一个装着汽油的瓶子，不能坐公交，才坐轮船，到吴江就要下的。

一声鸣笛，在一阵沸沸扬扬中船出发了。我和先生从房间的舷窗口望向河面，河水晃动起来了。岸上的房子、树木开始齐刷刷地向后移动，树木在灰色的空中露出本质的枝干。我们环顾四周，这夜航客船将一个房间与一个房间分隔而开，房间内摆放上下铺，像学生时代的宿舍也像火车卧铺，床上有折叠得齐整的被子和毯子。

走出房间，轮船“突、突”的声音掩盖了一切。虽然我们在河上，所处的角度不同，所看到的风景也异于平常，但凛冽的寒风吹来，还是将我们赶向了房间，好在有舷窗可以让我们一窥窗外。

苏州城里的水路我约略了解，我们的船将沿着苏州外城河，一路向东，经过觅渡桥，折往南，到澹台湖，与苏杭运河汇合，与宝带桥并行南行，然后到达吴江，到达杭州。

船过觅渡桥时，天色虽暗，我尚还可以凭借外面的景物知道我们正在经过外城河南北与东西交会之处。这里水面宽阔，水急浪大。只可惜现在不是中秋时分，否则就可以赏到月光似水随波流的“觅渡揽月”之景了，而我们的船穿过圆月的桥洞，也似与月亮同在了。

我想象着。

从觅渡桥南行开始外面已然一片漆黑，只能看到岸上的星星点点。有时有灯光的反射，让一段水面反射乌黑黑的亮光。真可惜，无法在水上并行观赏五十三孔的宝带桥了。我寻思着，反正自己在江南运河上，不必判别船到哪里了。晚上十点多，“突……突……”两声汽响，与我们同船的那位客人，在平望镇下了。我和先生会意地相视一笑，恍然我们包船。

黑黑的夜里，薄薄的被子，有些睡不着。自然地，想起明朝文学家张岱的《夜航船》了。

或许，正是因为他们经过了澹台湖，才有张岱在《夜航船》序中所讲到的那个僧人询问士子澹台灭明是一个人还是两个人的故事，以至士子出丑，小僧伸脚，让张岱感慨：“天下学问，惟夜航船最难对付。”想想也是，隔行如隔山，谁都不可能是万宝全书，天南地北、高谈阔论中正好暴露了自己的知识缺陷。

那时我真正体会到了打发漫漫长旅最好的方法便是闲谈消遣，时间在天文地理、经史百家、三教九流、神仙鬼怪、政治人事、典章沿革的交谈中趣味起来。而今整个客轮，唯我和先生两人，哪有各色人等？时代在迅速发展，水运也将江河日下。我们俩不会是最后的夜航者了吧？

四

2001年，公公在路上被一辆车撞了。肇事司机心虚地向我们赔礼道歉。谁都不希望去撞人的。我们理解他忐忑的心情。谁承想，这司机以后竟年年来看望我公公，好像看望长辈一样。

这时候，我慢慢了解到这位司机原是安徽人，就住在长江边。从小就喜欢水，赤条条地在水里玩耍，对水充满着感情。以致后来工作就是跑船运。水流着流着，船开着开着，他随着运河之水，来到了苏州。

大运河上每天都有30艘船航行。有一次在闲聊中，他波澜不惊地说着。

我倒是有些吃惊，21世纪了，公路多方便啊，我们从船运过渡到了公路运输，这个时代怎么还有船运？便好奇地发问，船上都运什么来着？

沙、水泥。

哦，这些货物既没时间限制又很重，船运当然最合适。我猛然醒悟。

他说，他工作的地方四面是水。

四面？

前后左右还有下面，不都是水吗？

我想起了小时候看到的那一节又一节的长长的托轮，哦，还真是的。忽地就想起了读小学时有个女同学是船上的孩子，她从来不称枫桥或西津桥这样的地名，统一称为“岸上”。她功课不好，还经常十天半个月不来上课，便问她，她说跟着父母开船出去了。当时，我还有些鄙视她，现在想想，别人和我的世界相差何其遥远，我真是太自以为是了。

我好奇他住在哪里？

他说，木渎，在那里买了别墅。

哦，你已经不住在水上了。

我脱口而出，他忽然笑得很爽朗。然后，打开了话匣子。

他说，他们其实就是船上的孩子，小时候虽然岸上也有集中居住点，但大多数时候都是在船上的。那时家里很穷，兄弟姐妹又多，他是老大，唯有把江里捕起来的鱼放在陶盆里，沿河吆喝叫卖，才换来几块钱。12岁那年，他跟着船到了上海，觉得自己真是开了眼，看到了高楼大厦，看到了汽车，他没有钱买票，从后面上车钻到了前门。他说，那一次的印象让他决心以后一定要做个有钱人，决不能再逃票。他小小年纪就学会了开船，知道如何避开河道里的危险障碍，如何让船不落入湍急的水流掌控中。船运公司解散，他看准了自己只会船运，当仁不让地凑钱买了一艘船，领着家人在南来北往的河上跑运输。那一段时间真是辛苦，冬天行船在水上，严寒刺骨，身上裹了一件又一件。到了夏天，顶着炎炎烈日，没地方躲藏，晚上还有蚊子。船上机器声震耳欲聋，耳朵里整天“嗡嗡”作响。 随着生意不断远拓，过长江下江南，后来，有了船队。到现在，大运河沿岸还建有不少码头。

他述说着自己的过去。公公接嘴道，以前有句老话，叫人生有三苦——撑船、打铁、磨豆腐，但现在总算好了。

是的，现在船上都有空调了。

我忽地明白了，运河饱满的生命力孕育了船上的人家，至今仍滋养着他们，为他们提供养分与力量，而这个常年在运河上跑的人性格里早已融进了运河水的性格，生生不息，寻找方向，不断延伸，不断奋斗，遇到困难，如同直流遇到阻碍，当直则直，当弯则弯。

因一场车祸，我们相识，彼此没有怨恨，却开诚布公，多像大运河的那种融合共生、诚信担当啊！

五

2019年，为了撰写枫桥街道的一些村落，我来到了广东村石图里十里亭，写一些发生在这里的故事。当然，现在已没有村了，这个地方划在中外运高新物流公司内。

忽然我就想起读高中时候，爸爸每天从苏州钢铁厂骑自行车回西津桥镇的事了。我问他，从苏浒路走吗？

他回答，不是。过了浒墅关镇后沿着大运河西岸的塘岸，经过十里亭到西津桥镇。

哦，就是这个十里亭。以距枫桥古镇十里而命名，为古代行人纤夫歇脚之用。亭子坐西向东，面向运河，离运河不足十米，单檐歇山造型，花岗石质构筑。乾隆四十八年（1783年）农历六月十四日风雨大作，亭子塌了。三年后，在当地绅士朱仑发、朱高浚、徐秉均、吴宗华等人召集下，浒墅关榷署总书王宇灿、如金、子震等人提供白银300余两，重新修建。只是现在的十里亭在1993年底到1994年初拓宽大运河时，原样重建，整体西移了33米，仍然平面呈方形，亭阔3.5米，进深3.82米，四角立方形石柱。

亭中立有《浒墅关修堤记》之碑一块，由明朝三位苏州人共同完成，首辅申时行撰文，右副都御史后任兵部尚书的杨成书丹，翰林院侍读学士韩世能篆额。碑身高3.65米，宽1.70米，蟠龙圆额，置于赑屃背上。

为什么要将碑立在赑屃身上？石图里村的村民们告诉我，民间有个传说，说这赑屃时常喜欢兴风作浪，到下塘撒野。为此，搬来顶天立地的大石碑，叫它驮着，沉重的石碑压得它不能随便行走。

江南大运河在当地村人口中有时也称作“塘河”“官河”，运河东岸称作“下塘”，运河西岸称作“上塘”。故他们说的下塘就是指大运河东。

十里亭向南，有一个宽阔的河面，大运河、射渎泾和长荡（今白洋湾）三水交汇的地方，叫射渎。

吴语中，“射渎”与“石图”的音相近，百姓最初把“射渎”写成“石渎”，后来再写成“石图”。于是，“射渎里”这个地方慢慢就变成了“石图里”。

射渎，《吴越春秋》称吴王尝“射于鸥陂”。明朝王鏊的《姑苏志》记载，相传阳山上有皇气，秦始皇巡游，箭射于此，故阳山的主峰叫箭阙峰。且不管是吴王还是秦始皇或是哪个主人公，射箭的地方成了“射渎里”，沿着箭所指的方向，有一条射渎径，直通阳山。当地村民称之为北港，吴语谐音“迫降”。当年北港河上架有一座与运河并行的南北向的射渎桥，这座桥在明万历九年（1581年）重修过，只是在1993年、1994年大运河的疏浚加宽中被拆除了。

射渎的地理位置，不仅位于枫桥古镇与浒墅关镇之间，也是往西进入阳山的重要水上路口。明清时期，兵部在驿站外增设了驿传分站——急递铺，一铺又一铺地接力传递政府公文快件。明正德《姑苏志》上记载，苏州境内54个急递分铺中，射渎铺便是其中之一。

江南之水，总是撩人的，可入诗、入画。元末明初被称为“吴中四杰”之一的徐贲有诗《怀阳山射渎徐隐君行正》，写到了射渎。明朝苏州画家谢缙也有“舟移射渎黄昏近，路转江村碧树遥”的诗句传世。明朝礼部尚书苏州人吴一鹏之子吴子孝有一首《点绛唇·二月八日夜泛射渎归作》描绘了夜泛射渎一幅水光接天的夜色图：“花信风轻，为花日日芳游早。曲溪缭绕，归棹情多少。月映清波，良夜春寒悄，长空皎。歌声缥缈，醉里愁如扫。”当年沈周也曾就这条水道到苏州城西游山，有“旷荡弥十里”之诗句。

而最清晰保存射渎情景的当是“清初四王”的画家王翚，他在《康熙南巡图卷》第七卷的绘画中，将无锡至苏州一路之上经过的山水、民居、城垣、店铺、舟桥、良田等都收入画中，其中，运河边的射渎便以文字标出，恍然地理坐标，画上还有一个开阔的单檐歇山顶的亭子。此外，图中十里亭边上还有射渎渡口，逐级而下的渡口边还停了收起帆的木船，正有人扛着木柱往船上走。

这个射渎渡口，一直延续到了20世纪80年代，当时枫桥一带的居民东行到苏州虎丘、白洋湾，在此摆渡。

2019年年初，我在南京博物院吃惊地看到了董其昌撰写的《浒墅关重修董公堤记》。这时，我才知道，大运河边那条不到2米宽的塘岸，我父亲骑车的那条道，便是著名的董公堤。哎！我长叹一声，精英文化与民间相隔如此之远，民间竟少有人知原来它还有名字。

在这条董公堤上，天好的时候，偶尔可以看到弯腰躬身的纤夫背着纤绳，传来“哟——呵，哟——呵”的号子声。20世纪80年代，我还在西津桥镇上见过这帮人，他们个个皮肤红黑发亮，脚上肌腱肉清晰分明，我被震撼到了，深以为是一种亮堂的健康之美。我问大人，他们是什么人？大人们告诉我，他们是纤夫。我立马就对他们充满了深深的敬意。那时候，我已初懂人世，知道漫漫长途，他们就是靠脚走过来的。

我总以为，对于一条河来说，没有了船只航行，便失去了灵魂。好在大运河江南段，虽然现在再也见不到纤夫，可机帆船、拖船也还是往来频繁，在我眼里它还不是遗产，是活着的，更是活着的古物。

六

大运河流过枫桥古镇，再往南行就到达横塘了。

在我心里，横塘就是和我出生、成长的西津桥镇差不多的江南古镇，一条河流穿越镇中，依河成市，河流两岸是并行的小街。当读到贺铸《青玉案·凌波不过横塘路》这首词时，我还有些疑惑，“试问闲情都几许？一川烟草，满城风絮，梅子黄时雨。”贺铸所说的愁城真的就是那个我的邻居小镇横塘吗？

2021年4月，我们借横塘街道文体中心的教室听陆衡老师讲课，让我重新认识了横塘。

春秋时，横塘曾是吴越争霸的古战场。隋朝杨素灭陈时，将苏郡移到横塘，新郭就是当年新城的遗址。唐朝时，横塘还默默无闻。由唐朝入宋朝，宋太祖贺皇后的侄孙贺铸在繁华如锦的春天，于横塘邂逅佳人，只是那擦肩而过的瞬间，成了横塘历史上最美的一瞬。“凌波不过横塘路，但目送，芳尘去”，一阕《青玉案》惊艳世人，不仅为他自己赢得“贺梅子”“贺横塘”的雅称，也让《青玉案》的词牌名别称为“横塘路”了。

气魄万里的京杭大运河，一路从北流到江南，流过横塘——越来溪与胥江水交汇之处，便一个拐弯，折向东西，绕过苏州城，往澹台湖方向而去。这一折，折出的是姑苏城的清婉与别愁。“年年送客横塘路，细雨垂杨系画船”，到了这三水交叉的地方，解开缆绳，抱一抱拳，道一声珍重，各奔天涯，横塘成为离别的代名词不是没有道理。至今，横塘还有一座古驿亭孤零零地站在大运河边，“客到烹茶，旅舍权当东道；灯悬待日，邮亭远映胥江”，驿亭上的对联讲述着当年水陆驿站的殷勤待客，悄悄润泽江湖风浪里留下的分别忧伤。

当横塘频频出没在诗词里的时候，横塘的意象也越发多重起来，可以是与爱情、离别密切关联的江南意象，也可以是记忆中一起走过、拥有美好回忆的地方，或者女子居住的地方。“桃花新水横塘碧”“横塘陌上飘香尘”“寂寂横塘春水碧”“横塘如画波无尘”“人间所事堪惆怅，莫向横塘问旧游”……就连毛泽东都在词中写到横塘："今朝霜重东门路。照横塘半天残月，凄清如许。汽笛一声肠已断，从此天涯孤旅。"横塘虽好，却是惆怅。

这个时候，横塘已不是苏州城特指的横塘小镇了。想想也很正常，当大运河一路浩浩荡荡，从北京流过中原流向杭州，跨越千里的路途上，不知催生了多少像横塘一样的小镇，也不知有多少嘤嘤离别的场面。这条水路，是诗路，记载着太多文人墨客的诗情、愁绪，也让沿途的小镇滋长出各自别有的风情。

作者简介：尤文华，苏州枫桥人。江苏省作家协会会员，苏州高新区作家协会副秘书长。著有散文集《在路上》《救赎》，长篇报告文学《智造富强》。

中國作家運河行

走进姑苏

大运河

推荐语

苏州，水都之冠，园林之城，丝绸之府，大运河上的璀璨明珠。金秋时节，『中国作家运河行·走进姑苏』采风团汲古润今，联想与诗意齐飞，妙语共佳句迭出。周伟苠笔下，『古城的历史和烟火，风雅与浪漫，不仅浸润在古老的运河中，也印刻在平江路等街巷里。』陈国栋笔下，『触摸着季节的温情，执意秋色明净悠远，在梦里水乡、繁华姑苏留下一串串浅浅的印迹。』李晓东笔下，『张继的诗意、《红楼梦》的笔意、徐扬的画意，在这片钟灵毓秀的水乡，更美好地展开来。』朱辉笔下，『天下的河流都是相通的。穿越盘门的大运河，流到了长江，而我，就住在长江边上。』赵腊平笔下，『每一处历史的烙印都让我们备感亲近，每一页翻新的日子都让我们充满惊喜，我们仿佛又看到了大运河奔涌向前时激起的朵朵浪花。』读胡红拴组诗，我们随着诗人的节律，一起走进诗情画意的姑苏，感受古城与运河的浪漫……他们以不同的视角和感受，描绘出新的《姑苏繁华图》。

——王楚健

穿越时空读姑苏

周伟莨

一座2500年的古城，在现代的航拍图下，与宋代《平江图》几乎重叠。清朝宫廷画师徐扬在乾隆第二次南巡时画下《姑苏繁华图》，描绘了当时的苏州城“商贾辐辏，百货骈阗”的市井风情。而今的姑苏古城，现代与古代交织，深厚的文化焕发着勃勃生机。用中国“四大名绣”之一的苏绣来形容，姑苏绣出了一幅精彩绝伦的双面绣，昨天白发苍苍，今日鹤发童颜。

我们在介绍苏州时常常把姑苏古城比作双面绣的一面，代表悠久历史和辉煌文化的昨天；把新区、园区比作双面绣的另一面，代表苏州的今天和明天。而当我这个“老苏州”在初秋时节随“中国作家运河行”采风团走进姑苏，游弋在古运河和被运河水浸润千年的小巷深处时，读到了一幅姑苏古城从容地踏着历史的年轮，统筹着保护与发展，迸发出深厚的文化活力，正健步地走向现代化的崭新画面。

说起姑苏古城，就不能不说春秋时的伍子胥。当年他“相土尝水，象天法地”最早策划设计和构筑了姑苏城。伍子胥当时建造了周长47里的阖闾大城和10里长的姑苏内城。坚固无比的城墙，8座巍峨的城门和森深的护城河奠定了吴国强盛的基础。回头看，伍子胥在2500多年前的城市设计理念，放在今天仍然没有过时。现在的姑苏古城依然保存着水陆并行的“双棋盘”格局，俨然已成为这个江南水乡古城最显著的特点。

在今天的姑苏古城，除了胥门、胥江，胥门内还有一条巷子，称为伍子胥弄……这些带“胥”的地名，无不彰显着与当初造城并辅佐吴国强盛的伍子胥千丝万缕的关联。连带着苏州人过的端午也与其他地方有所不同，别的地方端午大多是祭拜屈原，而吴地的百姓每年端午都会在胥江等处划龙舟来纪念伍子胥。

说到苏州，都会想起她典雅的别名“姑苏”。采风团的外地作家问我，苏州为何又叫姑苏呢？这是个很有历史底蕴的问题。

相传，夏朝时有一位谋士叫胥。胥不仅才高八斗、学富五车，而且上知天文下晓地理，因帮助大禹治水有功，而深受舜王的敬重，不仅被封为大臣，还把吴地册封给了胥，从此吴地也便有了“姑胥”之称。

“姑”在荆蛮语中是习惯性的口头前缀，没有任何意义，而“胥”和“苏”两字在吴语中读音相近，“胥”字又不太好认，于是“姑胥”就在吴地百姓口中渐渐演变成了“姑苏”。也许是苏的繁体字“ 蘇”，水草丰美、鱼米之乡的寓意似乎也比胥更契合，姑苏的雅称便流传至今。

3000年的姑苏，2500载的古城，绵长的历史不仅流淌在运河里，也镌在古桥、城墙的砖石上。苏州的兴盛离不开运河，而盘门是古时京杭大运河与苏州古城河道的重要节点，也是国内唯一现存的水陆并列古城门，我们走进姑苏采风的首站就来到古盘门。

当我们走过横跨古运河的吴门桥，登临古盘门水陆城门的城墙和城楼，那一瞬间，我的耳畔仿佛响起吴越争霸金戈铁马的嘶吼和昔日古运河商贾云集的喧嚣。盘门曾是伍子胥督建的阖闾大城八门之一，据《吴地记》载：“盘门，古作蟠门。尝刻木作蟠龙，镇此以厌越。又云水陆相半，沿洄屈曲，故名盘门。”现在我们登临的盘门是元明清三代陆续修建的遗构，是国内目前唯一保留完整的水陆并列古城门。业界有“北看长城之雄，南看盘门之秀”的说法。作为京杭大运河重要的一段，盘门已被列入《世界遗产名录》。

盘门保护区委宣传部李部长陪同我们来到苏州历史名城保护展示馆，在这个始建于明嘉靖年间的古建筑里，我们感受着苏州将古城整体进行系统研究保护的浓缩历史。

“江南园林甲天下，苏州园林甲江南。”苏州园林都在古城的一方并不太大的空间里，山水萦绕、粉墙黛瓦，曲径通幽、峰回路转，亭台楼阁、错落有致，建筑美学交融着人文意趣令人沉醉。作为土生土长的老苏州，我对古城中园林的记忆也在不断刷新。沧浪亭、狮子林、拙政园、留园、耦园、艺圃、网师园……大大小小的园林数不胜数、各有千秋。太湖石砌成的假山，曲水流觞的亭台，一步一景，都是江南特有的风情，让你身在城市中，却体会到满满的山林意趣。

这一次采风时间安排得很紧凑，我们没能再访苏州园林，在乌鹊桥上走一走，在桃花坞大街游一游，访一访书院巷、丁香巷，登一登北寺塔和虎丘塔，苏州丰富的历史与人文，只能浮光掠影地在展示馆和古城的几个博物馆里，打开历史的“留声机”，倾听柜子里的文物“娓娓道来”。

文脉赓续，弦歌不绝。古城的历史和烟火，风雅与浪漫，不仅浸润在古老的运河中，也印刻在平江路等街巷里。

南宋苏州郡守李寿朋将城市的脉络刻成石碑，这就是我国现存最大最古老，也是世界罕见的巨幅城市石刻地图《平江图》。现收藏于苏州碑刻博物馆，复刻版的石碑就立在平江路的南入口。平江历史文化街区在大运河遗产点中具有独特地位，它是苏州古城内保存最为完整的一个街区。在清乾隆年间《长洲县志邑都图》上就有“平江路”的标注。从宋代至今，平江街区的河道、桥梁、街巷、民居和园林等构成的水陆平行“双棋盘”格局和粉墙黛瓦、小桥流水的风貌传承至今，蕴含着深厚的文化积淀和许多值得我们寻觅的故事。

当你徜徉在幽深的街巷，耳畔回响起唐朝诗人杜荀鹤《送人游吴》中“君到姑苏见，人家尽枕河。古宫闲地少，水港小桥多。夜市卖菱藕，春船载绮罗。遥知未眠月，乡思在渔歌”的诗句，隐隐听见三弦或琵琶悠扬的旋律，再循着抑扬顿挫的评弹、昆曲唱词走进一两个小院，你会发现在别处这些也许是高雅的艺术，在这里就是苏州百姓的寻常生活。

2023年7月，习近平总书记走进平江街区考察，在强调要保护好、挖掘好、运用好，不仅要在物质形式上传承好，更要在心里传承好古城历史文化的同时，由衷赞扬“生活在这里很有福气”，这是姑苏古城保护传承的最好注解。

“一条山塘街，半座姑苏城。”山塘街是我们这次走进姑苏采风的最后一站。游船在白居易码头靠岸，大家早已按捺不住，热烈地交流着白居易担任一年多苏州刺史，留下的这条苏州白公堤和他的传世诗文。

白居易在杭州西湖修建的白公堤几乎家喻户晓，而他在苏州修筑的这条“白公堤”：从阊门到虎丘的七里山塘，也是后代姑苏城里笙歌画舫，最为诗酒风流的所在。清朝徐扬在《姑苏繁华图卷》里画了当时的苏州一村、一镇、一城、一街，其中一街就是山塘街，展现出“居货山积，行云流水，列肆招牌，灿若云锦”的市井景象。

白居易在苏州任上虽然时间不长，但除了修筑白公堤，还为苏州百姓做了很多实事，也留下了许多情感与景致交融的诗文，为姑苏古城增添了无限的人文底蕴。那首《正月三日闲行》“黄鹂巷口莺欲语，乌鹊河头冰欲销。绿浪东西南北水，红栏三百九十桥。鸳鸯荡漾双双翅，杨柳交加万万条。借问春风来早晚，只从前日到今朝。”和在山塘街的起点阊门写的《登阊门闲望》“阊门四望郁苍苍，始觉州雄土俗强。十万夫家供课税，五千弟子守封疆。阖闾城碧铺秋草，乌鹊桥红带夕阳。处处楼前飘管吹，家家门外泊舟航……”虽是“闲情”和“闲望”，都流淌着内心对姑苏的一往情深。尤其是他的那首《别苏州》：“浩浩姑苏民，郁郁长洲城。来惭荷宠命，去愧无能名。青紫行将吏，班白列黎氓。一时临水拜，十里随舟行。饯筵犹未收，征棹不可停。稍隔烟树色，尚闻丝竹声。怅望武丘路，沉吟浒水亭。还乡信有兴，去郡能无情?”对姑苏的依依惜别之情，感人至深。

苏州市委常委、苏州历史名城保护区党工委书记、姑苏区委书记方文浜在苏州会议中心接受“中国作家运河行·走进姑苏”作家采风团采访时，对运河文化与面向世界贡献古城保护创新的苏州方案娓娓道来。

在谈到如何挖掘和弘扬历史文化，讲好古城故事时，他诙谐地举了平江街区悬桥巷的例子："如果你在大街上问，洪钧是谁？也许很少有人能说出这位故居在此的清朝状元。说起赛金花，却几乎无人不知，而赛金花只是洪钧的小妾……"后人常常只津津乐道美人与状元的轶事，而我们要做的就是要挖掘和正能量地讲好这些故事，不仅让你记住洪钧和悬桥巷，记住古城比比皆是的故居、义庄和巷子，更要传承好苏州优秀的文化。

如何在保护中发展，发展中保护，借助城市更新，把科技和金融引入古城，重塑文商旅中心，做精苏式生活典范，推动古城的全面复兴。在方文浜书记的介绍中，我很惊喜于姑苏区首家本土培育的上市企业——苏州规划设计研究院股份有限公司在深交所敲钟上市。成立于1992年的这家企业，立足历史文化名城保护的需求，深耕姑苏三十余载，深度参与了古城保护、城市更新、规划修编等各项工作，一方面在历史文化保护、城市更新等前沿技术领域逐步形成自身技术特色和优势，业务范围辐射全国；另一方面将姑苏的古城保护经验推广至全国，形成良好的示范效应。

按照"城区即景区、旅游即生活"的理念，古城大力推进文商旅互动，观前、石路、南门三大传统商圈加速升级蝶变，一批商业综合体四面开花，城区游客总量屡攀新高，街头巷尾、市井里坊正持续升腾着浓浓的烟火气，彰显出厚厚的幸福感。随着"平江九巷"的整体打造，古城东北一隅将加速"连点成线、织线成面"，构建起高品质景区、大休闲街区交融互动格局，织就一幅人文与经济共生共荣、协同发展的全新"双面绣"，重塑了一幅新时代的《姑苏繁华图》。

今天的姑苏，园林并非囿于高墙内，而是融于城市中、生活里，令城市变成一座巨大的园林。古城正以公园城市建设，推进产业、城市人深度融合，始终用造园的理念和手法，以景区标准精雕细琢旅游资源，让城中园变为园中城，让"推窗就是景、转角遇到美"成为苏式生活日常的点滴。

夜幕降临，在绰约灯影中穿梭于园林的亭台楼阁、乱石假山间，在"曾经照古人"的明月见证下，在古城进行一场跨越千年的灵魂交流……在现代科技的加持下，苏州园林的维度限制也被打破。打开手机软件，拙政园、沧浪亭等园林的全景VR（虚拟现实）尽数展现在面前，无论你身处世界的哪个角落，随时都可与古城的园林结缘，来一场穿越时空的邂逅。

站在横贯古城的东西向主干道干将路自西向东望去，古城24米高的天际线与苏州工业园区450米高的天际线形成了穿越时空、古今交融的城市轮廓。忽然想起宋朝苏舜钦的《过苏州》诗：“东出盘门刮眼明，萧萧疏雨更阴晴。绿杨白鹭俱自得，近水远山皆有情。万物盛衰天意在，一身羁苦俗人轻。无穷好景无缘住，旅棹区区暮亦行。”古人感慨这无穷美景无缘留住，今天的姑苏却不仅留住了美景，还持续了怡乐欢欣，营造了新的繁荣和人民的安居乐业。

作者简介：周伟苠，中国作家协会全国代表大会代表，中国自然资源作家协会副主席兼散文委员会主任，中国大地出版传媒集团大运河文化研究中心首席代表、《中国大运河文化》主编，《中国自然资源散文双年选》主编，苏州科技大学兼职教授、苏州职业大学客座教授等。著有散文集《雪泥鸿爪》《天涯屐痕》《书香与禅意》《周末闲话》等多部。主编文集十余部，作品多次获奖，入选多种文集并入选高考题库。

千年运河美姑苏

陈国栋

初秋黄昏的姑苏，凉爽里透着一种静美。我沿着苏州运河环古城河由南向北散步，只见两岸枝叶苍绿，白鹭、灰鹭不时掠过水面飞进茂密的树林；运河边的古道公园内，人们在夕阳下健步行走；在河岸走廊处，三五桌老人正悠闲打着扑克，几位钓鱼者专注地盯着水面上的鱼漂……一幅“落霞与孤鹜齐飞，秋水共长天一色”般人与自然和谐共生的景象映入眼帘。

我随“中国作家运河行”采风团走进九月的苏州，触摸着季节的温情，执意秋色明净悠远，在梦里水乡、繁华姑苏留下一串串浅浅的印迹。

一

以环古城河为主体的大运河苏州段，开凿于公元前6世纪。春秋时期，苏州是吴国的国都，吴国大夫、军事家伍子胥以“相土尝水，象天法地”的理念，策划、设计和构筑了周长47里的阖闾大城和10里长的姑苏内城，并建设了坚固的城墙。其中，8座巍峨的城门和森深的护城河奠定了吴国强盛的基础。当年环城而建的护城河就是今天江南运河苏州段的雏形。环古城河的建设，也是隋唐时期形成完整大运河体系的最早理论基础。历史上，西侧环古城河、南侧环古城河与下胥江、山塘河、上塘河共同组成江南运河苏州城区段的主航道；环古城河与苏州古城相辅相成、相伴相生千年，古城水陆并行的城市格局延续至今，成为人类文明建设的重要遗产。

“君到姑苏见，人家尽枕河。古宫闲地少，水港小桥多。”从唐朝诗人杜荀鹤的这首诗中，可以想象出当年姑苏城的建筑风格及典型的江南韵味。苏州市辖区有大小河流2100多条，河流长度1450多公里，大小桥梁有355座，其桥梁的数量与意大利的著名水城威尼斯的378座可以相比。苏州境内的水域面积占比达到42%，是名副其实的“水乡泽国”。

姑苏古城好风光，小桥流水静安详。苏州市姑苏区委宣传部部长李忠向我们介绍，姑苏古城已有2500年的建城历史，京杭大运河由南向北，贯穿古城，水系发达，小桥多，水域景点多，古宅多，加之古城内有1606条小街小巷，现在的城市布局与2500年前的吴国建都时期相比，并没有发生大的改变，依旧保持着水陆纵横交错格局，保留一街一河、小桥流水、粉墙黛瓦的传统风貌。耳听为虚，眼见为实。在苏州市城市规划展览馆里，我细看一幅南宋时期刻绘的平江府城市地图——《平江图》，与一张前不久拍摄的平江历史文化街区的卫星图像认真对比，发现历经近800年的沧桑岁月，平江路水陆并行、河街相邻的水乡格局确实延续至今。

苏州古城真是一座因运河而兴、因运河而盛的城市，也是我国唯一以古城概念参与大运河申请世界文化遗产保护的城市。城市规划展览馆电子屏幕显示，2014年6月，在卡塔尔多哈召开的联合国教科文组织第38届世界遗产委员会会议上，中国大运河正式列入《世界遗产名录》，大运河苏州段与古城水系连为一体进入中国大运河名单中；2018年11月，在世界遗产城市第三届亚太区大会上，苏州被授予“世界遗产典范城市”称号。

为保护好苏州这座千年古城的江南韵味，维护好人们心目中的天堂形象，自1982年至今，苏州城市总体规划经历了六版的修订，但无论城市战略规划如何演变，古城始终作为整体、作为核心存在，保护古城的意识在苏州市历任领导中一脉相承。近十余年间，苏州市将原平江、沧浪、金阊三个老城区合并，设立姑苏区，成为全国首个和迄今唯一的国家历史文化名城保护区；出台加强苏州国家历史文化名城保护和管理的系列政策，并在编制国土空间总体规划时，将城市性质和发展方向重新定义为：国家历史文化名城和风景旅游城市，国家先进制造业基地和产业科技创新中心，长三角世界级城市群重要中心城市。

可见，苏州市在古城保护中坚持“世界眼光、国际标准、中国特色、高点定位”，以达到古宅“形态”、产业“业态”、文化“神态”、古城“生态”的融合统一。恰如苏州国家历史文化名城保护区党工委书记、姑苏区委书记方文浜说的那样，他们正在打造的“平江九巷”依然遵循“修旧如旧”的总原则，“从外面看有2500年的历史，走进去体验的是2035年，既要保留苏州古城2500年的历史积淀，又要让硬件设施、软件水平向2035年现代化的标准看齐，做到让历史文化与现代生活融为一体”。

二

过去，大运河是完全穿城而过的，与护城河相连，两岸粉墙黛瓦鳞次栉比，码头石埠错落有致，绿杨城郭淡烟芳草，惊艳了姑苏的千年时光。大运河苏州段有98公里，最宽处达150米、最窄处有50米，据说每年的水上运输量可以与长江的水上运输量相媲美，是繁荣的黄金水道。1992年，为更好地保护历史建筑文化遗产，运河主航道避开了姑苏古城区和沿途的宝带桥、觅渡桥、吴门桥、水陆古盘门等，改道为城外河，继续承担北上南下的水上运输功能。现存穿过姑苏古城的古运河有30公里长，与粉墙黛瓦温柔相融，游客坐在船上可以慢悠悠观览两岸古城建筑，体验江南水乡韵味。

大运河文化研究中心首席代表周伟茛早有精心安排，他领着采访团一行乘船游览了古运河，实地体验了船在城中行、城在河两岸、白鹭浮水面、岸上见景点的江南水城风光。

我们是在览渡桥码头登船的，解说员小蒋对苏州古城的历史了然于胸。她不时地向我们介绍运河的变迁，两岸的建筑风格，以及历史人物、典故，给我们留下了深刻的印象。在船上，小蒋还熟练地拨着琵琶琴弦，一曲评弹《苏州好风光》从她口中悠然而出，尽管我没有听懂她的唱词，却能跟节奏让自己的思绪融化在吴侬软语中。

在古运河上行驶中，我还看到左岸保存下来的长200多米、宽1米的纤道，这是清朝乾隆皇帝下江南时，为纤夫拉船所建的走道。单从纤道保护这一细节，足以体现苏州对古城遗产保护的细致程度。

船从览渡桥码头由西向东大约行驶了5公里时，右岸城墙内的苏州市少年宫展现在眼前。小蒋介绍说，当年毛主席的题词“好好学习、天天向上”，就是为在这里读书的陈永康小朋友题写的。

这可是我们刚读小学时就学过，几代人都牢记在心的至理名言，而这一名言源于苏州的8岁小学生陈永康用自己的智慧抓特务的故事，我倒是第一次听说。那是1951年5月3日下午，陈永康和两个小朋友在离学校不远的城墙上玩耍，一个梳着西式发型、穿着黑色皮鞋的年轻男子叫住了他：“小朋友，你在什么地方读书？”陈永康指了指学校的方向回答：“金阊小学。”男子随即拿出一包糖给他，又神秘地给了他一些钱和一包黄粉说：“这是面粉，放在你们老师的桌子上。”陈永康联想到老师讲过，“反革命分子会用火药、手榴弹及杀人方法来破坏我们的工厂、学校。”他心想这个人鬼鬼祟祟的，一定不是好人，于是十分镇定地说：“我陪你一起去吧！”走了约100米，陈永康看见城墙的另一端有几名解放军战士正迎面走来，于是马上放下手中的东西，紧紧抱住男子的腿不放，并大声喊：“解放军叔叔快来抓特务！”男子见状慌了，挥拳狠狠打陈永康的头。陈永康被打得口鼻鲜血直淌，但他仍死死抓住男子不放，直到解放军战士赶来制服这个男子。事后证实，这名男子的确是特务，黄粉是炸药。苏州市政府授予陈永康“革命小英雄”的光荣称号，毛泽东主席获悉此事，亲笔题写了“好好学习，天天向上”，并派人制成锦旗赠给陈永康，同时向全国青少年发出了“好好学习，天天向上”的号召。

游船到达白居易码头，码头连通护城河和山塘河。护城河是主河道，是吴王夫差命伍子胥修建；山塘河则是白居易在苏州当刺史时修建的从阊门到虎丘的水路。

上岸后，我们跟着熙熙攘攘的游人穿行在山塘历史文化街区主街，一路参观了宋锦织机、苏绣绣工、苏扇制作，最后我们来到位于河边的山塘街玉涵堂，听了一折昆曲《牡丹亭·游园惊梦》，体验了苏州园林的秋意之美。

游览苏州古运河，将评弹置于游船上、让昆曲置于街巷戏馆和园林古宅中，让宋锦、缂丝、苏绣、桃花坞木版年画这些非遗工艺和产品，在游人的行走中就能看得到。这就是诗意和人间烟火气并存，衣美、食鲜、宜居、行便（河船）的东方水城的现代生活景象。

此时，我想起了白居易那首七言律《正月三日闲行》："黄鹂巷口莺欲语，乌鹊河头冰欲销。绿浪东西南北水，红栏三百九十桥。鸳鸯荡漾双双翅，杨柳交加万万条。借问春风来早晚，只从前日到今朝。"

白居易用"东西南北水""三百九十桥"写出了苏州古城的独特景观。

三

法国作家阿尔贝·加缪说："秋是第二个春天。"此时，每一片叶子都是花朵。秋天的姑苏古城，正值秋高气爽，阳光下风姿飒爽的绿叶，在秋风里轻盈飘逸，缱绻多姿，正应了"你若盛开，清风自来"的风雅。当然，只有当你身临其境，你才能感觉那种肆意风流的美，也才能够体验到千年文脉的延续。

我曾经在南京工作过10年，到苏州不下20次，而这次到苏州，尽管也就两天的时间，主要在14平方公里的姑苏城区行走，但所见所闻竟是那么新鲜，仿佛是第一次来到这座千年古城，深深感受到这座古城厚重的历史文化。

苏州在中国大运河申请世界非物质文化遗产时，作为唯一以古城概念申请的城市，城内有4条运河故道、7个遗产点段。透过千百年来留下的丰富历史遗产，我仿佛看到2500年前吴王夫差为统一中原开凿邗沟的情景以及隋唐盛世的鼎盛、宋元明清时的繁华。

如今，大运河苏州段两岸155.26公里的堤防加固工程的完成，大运河特色田园乡村示范区的实施，大运河苏州段已建成绿美村庄77个，再现了“一江烟水照晴岚，两岸人家接画檐”的诗意江南风光。

初秋的清晨，微风吹来像一汪清泉，清爽而又沁人。我按照百度导航，沿着人民路由北向南，途中经过苏州图书馆、苏州中学、文庙。在苏州中学大门口，我驻足观察了很久，这是一所有近千年历史的学校。1035年，由北宋政治家、文学家范仲淹捐出宅地，奏请皇帝批准，在这里创办了苏州府学，首开东南兴学之风。史载，苏州府学是宋朝历史上规模最大官办地方学府，号称“东南学官”之首。北宋至今，苏州中学历经千年沧桑，任凭风云变幻，它在姑苏城南这片钟灵毓秀的土地上办学历史未间断，校址从未改变，格局基本保存，先后培养出应用数学家钱伟长、教育家叶圣陶、哲学家胡绳、诗人柳亚子、语言学家吕叔湘、作家陆文夫、体育界的袁伟民等各个领域的杰出人才，各自为中华民族屹立世界之林作出卓越贡献。从一所中学走出62名院士，这在全国也是绝无仅有的。可以说，有着千年文脉的苏州中学，代表着苏州历史文化底蕴的深厚和文化教育的繁盛程度。

苏州古城小桥多。如今，以水为波、桨帆为歌，传唱着中华民族奔腾浩荡的历史壮歌的苏州大运河，积淀了浓厚丰富文化内涵的千年古城，在社会主义现代化建设中，正发挥着示范引领作用。我站在小桥上赏景遐思，望见一艘艘船儿从桥下经过，逐渐感知到苏州人民对大运河、千年古城呵护的至爱之心，也感知到他们为了更好建设“水城交融”的江南天堂，在不断地奋楫扬帆。

作者简介：陈国栋，研究员，中国自然资源作家协会主席、中国作家协会第十届全国委员会委员、《大地文学》主编。中国地质大学（北京）高级研究员、文学创作中心主任，中国地质大学（武汉）客座教授。在《人民文学》《中国作家》《中国国土资源报》《中国妇女报》等报纸杂志发表报告文学、散文、评论200万字。报告文学《地球印记》获2022年《人民文学》非虚构作品奖。

行到姑苏古渡头

李晓东

中国城市中，被古今文学作品记录描绘最多的，当推苏州无二。从唐人张继“姑苏城外寒山寺”到《红楼梦》“且说当年地陷东南，姑苏城外……”相隔千年的中国文学高峰体现，不约而同地把目光投向苏州。作为中国小说最杰出者的《红楼梦》，有六个开头，直到第六回“贾宝玉初试云雨情，刘姥姥一进荣国府”，故事正篇才徐徐展示。如作者所言，“正不知从何说起”时，苏州拉开了“说不尽的红楼梦”，如有“开辟鸿蒙”之功也。

的确，如读过明清小说，特别是“三言二拍”，就知道明清时期苏州一带是多么发达，可以说《醒世恒言》《喻世明言》《警世通言》里的150篇小说，主要围绕着太湖流域进行的。太湖三分之二属苏州，而其时经济之所以绝冠全国，繁荣鼎盛，固然因长江三角洲物产丰饶，但一个关键元素不可忽视，那就是京杭大运河。

常言游牧民族逐水而居，其实，农耕民族同样需要生活在水边。“蒹葭苍苍，白露为霜。所谓伊人，在水一方。”《诗经》是渭河、黄河边上古人的歌声，屈原则行吟长江之畔，《离骚》《天问》《九歌》罢，“飞身跃入万里涛”，将个体生命与永恒大江融而为一，“江畔何年初见月？江月何年初照人？人生代代无穷已，江月年年望相似。不知江月照何人，但见长江送流水。”数代人，在江河两岸生息繁衍。中华智慧之最初表现，当为太极图。太极图中曲线，即指河流，分圆天而为阴阳，且以鱼示之。由之，传统农业社会一言以蔽之，“临水而居，看天吃饭”，天空与河流，存在着神秘的联系与隐喻。

“日出而作，日落而息，凿井而饮，耕田而食”的自然经济，当然占据了农业社会绝大部分时间和主体经济形态，但“生产—分配—交换—消费”的经济活动一般规律，却是难以违背的。农业社会经济活动日益繁荣，自然的河流，便不足以满足需求了。于是，运河，这种“人的本质力量的对象物”便产生了。

小时候听评书《隋唐演义》，看连环画《说唐》，对隋炀帝为到江都游玩，听信奸臣“陆路辛苦，不若开凿运河，乘舟而下，可饱览沿途风光”的馋言，征20万民夫开河。在感情上，埋下了对这条河的情感阴影。虽历史唯物主义、辩证唯物主义早已深入脑海，也深知大运河对中国经济发展、民族融合、国家治理的重要价值，但直到多次到了河边，静水流深，天光云影，才渐渐荡涤净我的童年经验，体味她的开阔绵长。

第一次接近大运河，是在山东德州。时值初秋，河水静静，河面也不甚宽，两岸杨树倒映河中，亦一动不动。当时感觉，虽盛名在史，千年盛景，然毕竟实用价值已几乎消失无存，生机活力不再。正如《红楼梦》之曹家始于繁华、终于沦落，与周围乡野景色融而为一，不见旧时气象。感觉也正常，甚至很好，自然、舒适。在公路、铁路、航空、海运、高铁客运等现代化运输途径面前，作为父辈甚至祖辈，在一旁安静地颐养天年，其实正是智慧与修为，没必要与后世子孙争谁是主角。

同时，无可争辩的是，这段运河的确“曾经也阔过”。德州有外国国王墓，就在运河边。墓主乃菲律宾苏禄东王。明永乐年间，菲律宾南部国王苏禄东王到北京朝贡。300余人的浩大使团自菲律宾出发，由海路到泉州港后郑和亲自陪同，沿运河北上至京，朝见了明帝朱棣。回程中，行至德州，苏禄东王病逝，遂葬于斯。他的王妃、两个儿子，以及随从共10人，留下守墓。至今已600余载，其后人，也繁衍21代，至数百户。苏禄东王两子后人，分别以安、温为姓，因信仰伊斯兰教，归入回族，成为中华大家庭之血脉组成部分。给我们讲解的温女士，既如此，仔细观察，似乎确有外国人容貌痕迹，然已全然德州口音矣。运河的桨声欸乃、旗帜遮天中，不少是朝贡来去的船只。

朝贡的优劣甚至有无必要，争论殊多。朝贡是官方交流的形式，与民间贸易并行不悖，其实质类似于“走亲戚”。亲戚的种类很多，有穷亲戚、有富亲戚，有城里的亲戚，也有乡下的亲戚。中原王朝均一视同仁，没有“嫌贫爱富”的现象。尽管就交流的物质多少、价值大小而言，还回去的比朝贡来的都多，似乎中国“吃亏了”，当了“冤大头”。但亲戚往来，本就是“不等价交换”，富有的一方总归要多付出些，既显大度，也是人情。何况朝贡来的，都是中国不出产之物，如苏禄东王来，“献珍珠、宝石、玳瑁诸物”。珍珠，尤其是玳瑁，从明清小说中，就可知道其在当时的价值。物以稀为贵，用今天的视角看物质价值的多寡，而后评断古时事，至少是不客观的。现代外交体系建立之前，朝贡是最成体系化的中外交往模式，虽有主藩之分，然绝无以大欺小、恃强凌弱之事，平等交流，“有朋自远方来，不亦乐乎”，是其本质。正如最主要的进京之途的大运河之平缓畅达。

第二次走进运河，是在有“运河之都”美誉的淮安。“小大姐上河下坐北朝南吃东西”，淮安运河渡口城楼这副下联，相传乾隆年间产生，难倒了“十全老人”清高宗爱新觉罗·弘历和大学士纪晓岚。其难度，当然在小大上下北南东西等巧妙嵌字，更本质的，是对联里准确定位了淮安的位置。

运河沿岸，名城众多，淮安独得“都”名，乃因江南河道总督府、漕运总督府所在地，南船北马，川流不息。中国河流，由于地势原因，绝大多数由西向东流，“一江春水向东流”“滚滚长江东逝水”“自是人生长恨水长东”。黄河、长江连通东西，“即从巴峡穿巫峡，便下襄阳向洛阳”，南北，却无河可通。

我在华东师范大学读书时，得知著名的“胡焕庸线”的提出者胡焕庸教授多年任教于丽娃河畔，河边梧桐树下，有金属道旗，镌刻胡先生治学格言，每每经过，自豪之情如池塘春草般蔓生。胡焕庸线，又称“漠河—腾冲线”，沿此两点连一线，线东居住着中国96%的人口，线西国土面积广大，然人口占比仅为

4%。由此可知，胡焕庸线东边、南边与北边的经济交流，就更加密切而必需。京杭大运河，正是这个现实需求的产物。虽然杨坚远不知道胡焕庸线，但隋朝毕竟达到中国封建社会的经济顶峰，江南地区在六朝时已是“莲叶何田田，鱼戏莲叶间”的鱼米之乡，繁荣富庶。隋自北齐而来，更知南北物产之差异与互补之必要。运河的开凿，以东西之水，通南北之地，自然优势与交通便利融合，奠定国家大一统的经济与交通基础，其后，虽有五代十国，王朝更替，然再未出现南北朝格局。

淮安运河的开发利用，较德州充分得多。品鉴淮扬菜肴后，上得游船，运河中行。虽无桨声，然灯影入河，华灯璀璨。河面开阔，船行平稳，两岸店铺，鳞次栉比。古时“临河半酒家”，以河鲜为主的淮扬菜，也随着运河向北传去。中华人民共和国成立时，国宴即为淮扬菜。采风归来，我写小文《美食淮安》，发表在《人民文学》上，自以为求学、工作多年，东西南北走过许多地方，美味品鉴不少，相比之下，还是淮扬菜最佳。席间，有人笑说，谁对出绝对，可以免单。我对曰“黑白子阳怀阴思前想后阅古今”，虽水平一般，格律亦不合，然“怀阴”谐音“淮阴”，一部运河史，半部中国史，足可以古今通变的。

三至运河，即在苏州，行至姑苏古渡头。张继的“客船”，应该就是运河上的船了，船停泊处，即在苏州阊门外枫桥渡口。明清时，运河上有了夜航船，张岱《夜航船》即记述运河夜船中客人聊天交流、相互辩难之事，“天下学问，唯夜航船中最难对付”。有人考证，明清戏曲之所以繁荣，最主要因素是大运河。张继羁旅在外，“江枫渔火对愁眠”，只能听钟声，还是“寒山寺”的。运河极大地促进了南北交流，经济繁荣随之而来的，便是文化兴盛。近千年后，运河上的人们，可能有孤独，但已没有寂寞。“凤箫声动，玉壶光转，一夜鱼龙舞。”在沿岸城市雕梁画栋的戏园、河上烟雨缥缈的画舫，都有吴音软语、管竹丝弦。昆曲，应运而生。

中国非物质文化遗产种类繁多，然排第一者，无疑乃昆曲。苏州古城河畔习近平总书记不久前走过的石头铺地的小街旁，便有昆曲体验馆。一段《牡丹亭》，青春靓丽的大家小姐杜丽娘轻移莲步，启丹唇唱“良辰美景奈何天，赏心乐事谁家院……”昆笛悠扬，如深巷杏花、韶乐绕梁。与以二胡为主要伴奏乐器的京剧不同，“百戏之祖”昆曲，是竹笛的世界。2000年，我在华东师范大学读博士，给上海交通大学文化管理专业夜大学上过两学期“文艺民俗学”，著名昆曲小生张军，即是我班上的学生。他交的作业，让我初步知道昆曲的“唱念作打翻，手眼身法步”。后接触既多，更体会昆曲曲词典雅、行腔婉转、表演细腻，细微动作殊多，而于其中见讲究。昆曲，一举一动、一唱一声，无不映照着江南的小桥流水，可以说，这发源于苏州昆山的唱腔，就是水乡特产。虽上海等地亦有专业昆曲剧团，且水平不低，可依然感觉唯有苏州，才与此绝般搭配。南来北往的客商、官吏、文人，正在这吴音软语中追寻着生命之乐、告慰谋生之苦。

上有天堂、下有苏杭，航运和商品交易的发达，使苏州运河上出现了独特的“海关”。盘门，可能是今天中国唯一尚存的水陆双城门。现在我们看到的盘门，为元朝所建，存世700余年矣。而上溯其始，则可追至伍子胥。伍子胥筑吴都，立城门八座，皆水陆双门，上嵌木雕蟠龙，故名蟠门。后木雕朽坏，而水陆相半，沿回屈曲，更名“盘门”。陆城门分内外两重，中设瓮城，上有土炮三门，敌若入瓮，则大炮、礌石、滚木、开水齐下。相连之水门，亦分内外，有巨大石闸，由盘车绞动升降，可开关水门。有船入，有人从水门侧面开口下至船边检查，查货物种类、数量，计以税收。华东师范大学中文系教授陈大康有专著《明代商贾与世风》，探讨明代以苏州为中心的长江下游繁盛的商品经济及对世态人心、衣食住行的显著影响。

课以税，则财富；利于民，则商荣。明朝东林党，在本质上，是替新兴资产者代言，主要观点，即主张朝廷减免商税、矿税。万历帝数十年不上朝，固然“明则无赖无郎”，首先不勤政，而还有一层意义，就是不与东林党人对话，以免受其影响而动摇国之最重要财源。康熙时人亦言“东南财赋，姑苏最重；东南水利，姑苏最要；东南人士，姑苏最盛”，足见苏州水门之紧要。

行走姑苏古城，“外面2300年，里面2035年”，古雅的白墙黛瓦里，是现代化设施。然阵列的，依然为非物质文化遗产传承。高高的木制织布机上，两位织工在飞梭织锦。小时候在农村，看过姥姥织布。纺花、缠线、撑线、上机，一套工序细致烦琐复杂，但仅是单色白布、最原始简单的织布机。苏州所见，则高2米多，一人处高、一人处下，线也多彩，梭则长大。“唧唧复唧唧，木兰当户织”，既是织锦，更在传承。于今天苏州运河边，能否一匹匹织出绫罗绸缎来，并不重要，要紧的，是把这技艺展示给人们看，告诉大家过去、今天、未来的美好生活。

大运河苏州段，平缓开阔，画舫行河，唯见绿荫垂堤，水鸟起落，“沙鸥翔集，锦鳞游泳”。桥墩上，立一白色水鸟，河中顾影，悠然自得。待少女丝竹弹罢，问白鸟之名。曰白鹭也，然体形娇小，亦不怕人。是啊，如今生态保护，鸟亦知处境和谐平安。辛弃疾有词：“野鸟飞来，又是一般闲暇。却怪白鸥，觑着人、欲下未下。旧盟都在，新来莫是，别有说话。”每日河中岸上，舟来人去，熙熙攘攘，却都不惊动野鸟闲暇意趣。与稼轩先生不同的是，前朝人观鸟，而今鸟观人也。

临别，有座谈。见《姑苏繁华图》屏风，到我发言时说：“《姑苏繁华图》原件，我看到过。”当地与众作家皆惊。我说，原物在辽宁省博物院，十余年前，由于工作便利，有幸识见一过。随着卷轴徐徐展开，艳丽的色彩、精美的建筑、丰富的人物一一气韵生动地出现。虽300年后，依然可感受到其时苏州的物华天宝、人杰地灵。而今，张继的诗意、《红楼梦》的笔意、徐扬的画意，在这片钟灵毓秀的水乡，更美好地展开来。

作家简介：李晓东，中国作家协会社会联络部、权益部主任，华东师范大学文学博士、副编审。研究方向为明清小说、新时期文学，同时从事文学创作。在《人民文学》《中国作家》《北京文学》《湘江文艺》《湖南文学》《黄河》等刊物发表散文多篇，并入选年度选本，亦有理论文章和辞赋作品见于报章。出版有散文集《天风水雅》。曾获丁玲文学奖、黄河文学奖等。

水陆萦绕美姑苏

朱　辉

我是泰州人，出生于兴化市，那里属里下河地区。我的家乡河流纵横，港汊交错，出门步行几百米，一定要过桥，小时候交通主要靠船，进村出村一把橹。水在我眼里是不稀奇的，更不觉得珍贵，有时候连绵阴雨，河水上涨，桥面居然被水淹没了，上学的孩子还会觉得水很讨厌。水乡的孩子都会“游水”，就是狗刨式游泳。大人们觉得不会水的孩子基本上还不能算自家的小孩，因为溺水的事经常发生。我小学时最恐怖的经历是，我的一个邻桌，不到十岁的男孩被淹了，他被从河里捞出来后，趴在牛背上吐水，牛被鞭打得一颠一颠地沿街跑，但他还是没有活过来。

懂得水好，水美，那还是在上大学以后。我学的是水利，终于明白了为什么大小城市、村镇，很多都坐落在水边上。人类逐水而居，是为了灌溉、生活和交通的便利。想想就知道，那么多发达的大城市，它们都在长江边上，这是有道理的。

还有运河。利用原有的水系，开凿贯通，裁弯取直，形成京杭大运河，绵延数千公里。2500年来，它为北方输血，也繁荣了沿岸无数的乡镇。上有天堂下有苏杭，运河对苏州、杭州的作用，不言而喻。

我生活在南京，它是黄金水道长江和大运河的交叉点。去苏州究竟多少次，真的算不清了，但真正地深入苏州的老城区，去观察盘门，这还是第一次。

盘门现在是一个景区，杨柳依依，水波潋滟。它的主体是苏州，也可能是全国仅存的水陆双城门。古姑苏城周长28里，立城门八座。八门皆为水陆双门，陆门“以象天之八风”，水门“以法地之八卦”。到如今，尚存的城门都只剩一门——要么是陆门要么是水门，只有盘门还完好地保存着水陆双门。伍子胥筑城时，城门头刻有蟠龙，以示吴国征服越国之意，故取名“蟠门”。后来，因水陆相半，沿回屈曲，才改称“盘门”。

我曾无数次经过南京的明朝城墙之下。太平门龙脖子那里是原汁原味的明城墙，弹痕累累，苔藓遍体，那里的城砖上，每一块都有字，刻的是各级责任人的名字。这是最早的责任制，哪块城砖质量出了问题，都可以追责。我曾在我的长篇小说《万川归》中感叹：“这些城砖已有了600多年的历史，从人类学会结庐而居，取土烧陶，再到烧出这么大的砖头，时间就更久远了。”事实上，盘门现今的城垣是元至正年间所建，距今已近700年历史了。盘门建在明代城墙之前。

作为一个学过水利的人，我饶有兴趣地仔细观察了盘门的结构。站在盘门城楼最高处，能看到整个陆门、水门、瓮城的结构全貌。盘门水陆城门并峙，气势雄伟。陆城门分内外两重，内外两道城垣构成长约20米的方形瓮城，城楼上架着三门土炮，以歼入侵之敌；与陆城门毗连的是两道水城门，这是贯通西南角城内外的唯一水路通道。高大的城门洞，可容两船并列而过，每重门都装有巨型闸门，以控制水流。

这是独特而巧妙的设计。我在城楼上，观察着脚下的一块块砖头。它们似乎比南京明城墙的略小，但更致密。我的老家兴化也产砖，明城墙上就能找到，这里的砖上没有字，但可以肯定的是，这里的砖一定都是苏州本地出产的。我曾在苏州的相城参观过“金砖博物馆”，苏州的黏土和制砖工艺，可以为北京的金銮殿提供“金砖”，当然也能制造出建筑盘城的砖头。

姑苏人是聪慧的，他们自来具有工匠精神，再加上水的润泽，把苏州打造成了一个古韵盎然的现代之城，一个富贵温柔之乡。盘门景区现在是一个属于市民和游客的养生休憩的好去处。瑞光塔、伍相祠、放生池、双亭廊桥、丽景楼、吴门桥……宝塔巍峨，廊桥如翼，粉墙黛瓦，重檐歇山，水波粼粼，整个景区步移景换，美不胜收。姑苏古意浓，不算很大的盘门景区内，竟然有两个国家级重点文物保护单位（盘门城楼、瑞光塔）、一个省级文物保护单位（吴门桥），这是先辈的遗赠，更是姑苏人精心修葺保护的结果。

多年以前，我常在夜晚的秦淮河边散步。桨声欸乃，船影模糊。我常想：它们从哪里来，到哪里去？船上的是我老家的人吗？我的家乡离大运河尚有一段距离，要到邻近的高邮，才能看见大运河蜿蜒的身姿。其实，追究下去，天下的河流都是相通的。穿越盘门的大运河，流到了长江，而我，就住在长江边上。姑苏盘门，值得再去。

作者简介：朱辉，江苏省作家协会副主席、《雨花》杂志社主编。江苏省有突出贡献的中青年专家，江苏省“五一劳动奖章”获得者，中宣部文化名家暨“四个一批”人才。主要作品有长篇小说《我的表情》《白驹》《牛角梳》《天知道》，中短篇小说《对方》《暗红与枯白》《绝对星等》《和辛夷在一起的星期三》《放生记》等。第七届鲁迅文学奖获得者。

孕育了运河的姑苏城

赵腊平

有幸应邀参加“中国作家运河行”第二阶段的活动，来到大运河沿线苏州古城采风。活动安排在习近平总书记7月份视察苏州，并就大运河文化遗产保护与弘扬作出重要指示之后，因而有了特别的意义。

活动的策划者是周伟苠先生。他是苏州本地人，在当地为官多年，稔熟当地情况，有浓郁的家乡情结，又是著名散文作家，现任中国自然资源作家协会副主席、大运河文化研究中心首席代表，《中国大运河文化》研究文丛主编。

为了尽可能地让作家们看到与了解苏州与大运河的渊源，活动主办者在行程上作了精心安排。路线考究，内容丰富，马不停蹄，不虚此行，这是参加这次采风的作家们的共同感觉。而我从这座千年江南古城的深厚文化底蕴中，找到了大运河的发端与大运河文化的缘起。

很长一段时间，在我的认知中，不管是隋朝大幅度扩修并贯通至都城洛阳，且北至涿郡，南至余杭的那条“人”字形的隋唐大运河；还是元朝翻修后那条弃洛阳而取直至北京至杭州，途经今浙江、江苏、安徽、山东、河南、河北六省及天津、北京两市，贯通海河、黄河、淮河、长江、钱塘江五大水系的京杭大运河，其发源地都是春秋时期吴国为伐齐国而开凿的邗沟。

中国古代典籍《左传》载，公元前486年，“吴城邗，沟通江淮。”意思是，吴王夫差为了方便吴国的水师战舰北上攻伐，争霸中原，利用长江三角洲的天然河湖港汊，从苏州经望亭，沿孟河到长江的河道进行开凿，再从扬州至淮安之间，开凿了一条全长180多公里的河道，这就是邗沟。吴王夫差在扬州开凿的这条人工运河，使长江和淮河连接起来，造就了中国历史上南北水系的第一次贯通。

隋朝统一中国后，隋炀帝为了进一步巩固其对全国的统治，发展江淮漕运，增强北方边防力量，从584年到610年这20余年的时间里，充分利用过去已存的运河和天然河流，先后开凿了通济渠、永济渠，并重修了江南运河，终于凿成和疏通了以国都洛阳为中心，北抵河北涿郡、南达浙江余杭的大运河。专家认为，隋朝的运河仍是以扬州为基础，在邗沟的基础上进行南北扩掘和连接的。在以后的漫长岁月中，古运河河道虽历经迁徙，但扬州的中枢地位却从来没有变化过。比如唐朝，运河基本上是沿用了隋朝大运河的体系，只是作了局部的变更和整修，所以后人有“隋朝开河，唐宋受益”之说。据此不少专家认为，邗沟是中国大运河的起始河段，也是世界上最早的运河，夫差也因此成为古代历史上第一个开挖南北大运河的人。

但也有众多的专家提出，从历史的角度来考察，中国大运河的发端和孕育应当是苏州。换句话说，苏州才是中国大运河的起源城市。通过这次“中国作家运河行”苏州段两天的考察以及日后的学研补课，笔者也有茅塞顿开之感，觉得有必要改变先入为主的成见。妄议无益，我们以事实为依据，看看是否可以自圆其说。

运河，顾名思义，是指人工挖掘、用作灌溉或运输之用的河道。事实上，江南一带水网稠密，纵横交错，开河行舟，古已有之。相传早在商朝末年，周太王长子泰伯和次子仲雍兄弟二人从北方来到吴地，在梅里建立勾吴国后，曾“穿浍渎以备旱涝”，率领土著开凿了河道泰伯渎（伯渎河），即今天所说的伯渎港，至今已有3200年的历史矣。这才是中国历史上甚至人类历史上开凿的第一条人工河流。泰伯开凿伯渎河流经坊前、梅村、荡口，直至漕湖，全长43公里。伯渎河的开凿，使当地百姓世受其利。泰伯“三让天下”和开发江南的功德，几千年来，一直为后人所敬仰。孔子在《论语 · 泰伯》中点赞说：“泰伯可谓至德矣，三以天下让，民无德而称焉。”

这泰伯何许人也？一作太伯，姬姓，商末岐山（在今陕西）周部落首领古公父（即周太王）长子。太王欲立幼子季历，泰伯与弟仲雍同避江南，定居在太湖边的梅里（一说是今无锡梅村）。土著居民来归附者有千余家，奉立泰伯为当地的君主，称吴太伯，自号“勾吴”，这就是勾吴国。

春秋时期，吴王阖闾为了壮大自己的地盘，甫一登上王位就向国相伍子胥讨教强国之策。据《吴越春秋·阖闾内传》称，公元前514年，吴王阖闾问计于伍子胥：“寡人欲强国霸王，何由而可？”伍子胥对曰：“凡欲安君治民，兴霸成王，从近制远者，必先立城郭，设守备，实仓廪，治兵库。斯则其术也。”也就是说，伍子胥的强国建议是十二个字，即“立城郭，设守备，实仓廪，治兵库”。于是，阖闾命伍子胥“相土尝水，象天法地”，建造阖闾大城。

据《吴越春秋》记载，“阖闾元年，造大城周回四十七里”。在水乡泽国的吴越大地上建城筑市，首先要解决水的问题。而一旦“披发文身以像龙子”的吴地先民将自己的治水智慧与伍子胥的“十二个字”谋略有机结合，便成就了阖闾大城——苏州古城。史学家顾颉刚在其《苏州史志笔记》中称，阖闾大城为“全国第一，尚是春秋物”。伴随阖闾大城诞生的，便是被列入中国大运河项目中的苏州四条运河故道——山塘河、上塘河、胥江、环古城河的诞生。

《越绝书》载：“吴大城，周四十七里二百一十步二尺。陆门八，其二有楼。水门八……”专家推断，最初建城时，阖闾大城的八门是均兼水陆城门的。既然古城的四面有八个水城门，那就说明水城门外面的外城河是与古城与生俱来的。也就是说，后来被列入《世界遗产名录》的中国大运河项目中的苏州运河故道之一的环古城河，其历史应该与苏州古城同龄。确切地说，诞生时间是“阖闾元年”，即公元前514年，至今已有2500多年的历史了。

说到这吴王阖闾，在历史上名声不赖，史籍上称赞他是“口不贪嘉味，耳不乐逸声，目不淫于色，身不怀于安”，可见是个很有抱负且非常自律的人。可惜的是，公元前496年，在与越国的槜李（今嘉兴）之战中，阖闾被越大夫灵姑浮斩落脚趾，随后病伤而死，葬于虎丘山。阖闾临死前立太子夫差为吴王。

几乎在建城的同时，也就是在2500多年前，苏州城的建造者伍子胥开凿了人工运河——胥江。这是伍子胥建城时为苏州设计的母亲河，即苏州古城的生命线，为的是让清澈的太湖水源源不断地流入苏州城，让苏州古城的人们可以喝上澄净的太湖水；同时，胥江也是伍子胥为吴王设计的连接太湖前哨与吴国都城的重要交通线和供给线。

要知道，那个时候，吴国的南面是越国，西面是楚国。吴越相争之前，吴国最大的对手是楚国。阖闾要“强国霸王”（《吴越春秋 · 阖闾内传》），伍子胥更想“兴师复仇”（《吴越春秋 · 王僚使公子光传》）。可是楚国实力强大，其都城郢都又在长江的中游，逆江而上无异于自取灭亡。伍子胥及时将孙武推荐给吴王，孙武不仅呈上《孙子兵法》，还将之运用到实战之中，即在不停骚扰楚国，使其疲于应付。吴国历经八年努力悄悄开凿的胥溪也终于派上了用场。公元前506年，吴国军队从苏州胥门出发，经胥江入太湖，再经宜兴、溧阳、高淳，在芜湖进入长江，并向北经巢湖和淮河，从大别山中攻入郢都，最后出其不意，攻其不备，报了一箭之仇。

开凿胥溪，将长江水系和太湖水系连通起来，其艰辛可想而知。北宋水利学家单锷在其所著《吴中水利书》记载：“公辅以为伍堰者，自春秋时，吴王阖闾用伍子胥之谋伐楚，始创此河，以为漕运，春冬载二百石舟，而东则通太湖，西则入长江，自后相传，未始有废。”可见其作用不单是复仇，在漕运方面的贡献也不可小觑。

胥江这条与苏州古城同一个时期诞生、比京杭运河还要早一千年的人工运河，为后人带来了很多生活上的便利。专家介绍，胥江的出现，既避免了吴地的水患，又便利了漕运和灌溉，对当地百姓的生计发展有着十分重大的意义。这条人工开凿的运河，把东入太湖的水系，与西入长江的水系，连通起来，使两条自然河与一条人工河有机结合，形成一条从江苏太湖到安徽芜湖的直达航道，比起北行长江，缩短了一半航程，而且没有大风巨浪，也无樯倾楫摧之险。漫漫航道，风帆竞航，一派繁忙景象。

纯净、甘甜的胥江水，让苏州人记忆犹新，念念不忘。据当地人回忆，即使是到20世纪五六十年代，苏州城里一些烧开水的老虎灶、喝茶考究的茶馆店，还有专门挑水的挑夫特地从胥江挑水，以供饮用。

吴王夫差打败楚国后，觉得自己还只是在长三角称霸，离“逐鹿中原、争霸天下”尚远。可是要征战中原，吴国的兵马怎么才能穿过江淮之间众多的河流沼泽之地？夫差决定将运河继续向前推进，延伸到齐国（今山东）境内。这才就有了《左传·哀公九年》所称的“吴城邗，沟通江淮”，即我们前面言及的修建邗沟。这里的“哀公九年”是周敬王三十四年，也即吴王夫差十年，即公元前486年。《太平寰宇记》曰：“吴将伐齐，北霸中国，自广陵掘江通淮，运粮之水路也。”说的也就是此事。就是说，邗沟开通之后，吴国的兵马便可以从苏州一直到扬州，再从扬州一直到淮安。《吴越春秋·夫差内传》载，“吴王复伐齐，阙为阑沟于商、鲁之间，属蕲，西属济，欲与鲁、晋合攻于黄池之上。”所开黄沟又将邗沟从淮安向北延伸到山东济宁，运河和沂水、济水连接起来，然后一路向西，直抵中原。

事实上，就是在邗沟开凿之前，即公元前495年，吴王夫差即已下令开凿从苏州望亭经无锡、常州，在武进奔牛镇与孟河连接的古运河，这是京杭大运河之江南古运河段的最初形成，这段古运河打通了吴国西进与楚国抗衡的水上通道。这条运河的开凿，也比邗沟早了9年。

由此我们不难确认一个事实：大运河与苏州古城相伴而生，并孕育与哺育苏州。隋炀帝将大运河贯通南北之后，吴王夫差开凿的苏州至常州段、扬州至山东段人工运河，便一并完全融入京杭大运河之中，随着这条纵贯中国东部的中华民族的血脉、龙脉、文脉一起跃动，一同奔涌向前了。

事实上，大运河苏州段开通之后，特别是隋唐以后，伴随着中国古代政治中心的东渐北移与经济重心的逐步南移，开通疏浚连结南北方重要交通运输干线的大运河，已经成为历代封建统治者的共识和奉行的基本国策。这样，大运河的军事用途日渐减少，而漕运、商贸甚至旅游的功能日益显现。而苏州作为应大运河之运而兴盛的城市，其源头与枢纽作用从未被撼动。

令我们备感骄傲的是，在巩固大运河的源头与促进苏州发展与繁华的过程，文学或者说作家从未缺位。

唐宝历元年（825年）五月，53岁的白居易出任苏州刺史，到第二年九月离任，他在苏州做官仅仅17个月，也留下了杰出政绩。虎丘是“吴中第一名胜”，为方便游人前往，便利水陆交通，白居易下令开凿了一条西起虎丘东至阊门长达七里的山塘河，阊门至虎丘再转入运河的商道贯通，不但大大便利了阊门一带的商贸活动，还使得苏州的建成区跃出城墙，向西北方拓展。又在山塘河北面修建了道路，让当地的水陆交通状况得到很大的改善，人称“七里山塘”，简称“山塘街”。

在苏州，白居易勤于政务，平均赋税，减轻百姓负担。他把大量时间都花在工作上，“可怜朝暮景，销在两衙中”，是他辛勤工作的写照。他的诗句“水道脉分棹鳞次，里闾棋布城册方”“绿浪东西南北水，红浪三百九十桥”“远近高低寺间出，东西南北桥相望”，勾勒出唐朝苏州水多桥多的立体城市风光，这其中，也包括了他的一份辛劳。

有道是：“政声人去后，民意闲谈中。”第二年九月白居易因病离任时，当地的百姓倾城而出，苦苦挽留。关于苏州人对白居易离去的不舍，按白居易的好友、接任苏州刺史的刘禹锡的描述：“姑苏十万户，尽作婴儿啼。”

同样，太和七年，刘禹锡开汉塘以贯通当时隶属于苏州的嘉兴到平湖水道，从此天目苕溪之水由大运河顺流到嘉兴，苏州属县华亭（今上海市南境）大片盐碱滩涂得以开发。

“故园荒岘曲，旅榇寄天涯”的唐代诗人张继，曾写过一首《七言绝句》：“月落乌啼霜满天，江枫渔火对愁眠。姑苏城外寒山寺，夜半钟声到客船。”这首诗构成了一幅情味隽永、幽静诱人的江南水乡的夜景图，也吟唱出了正坐在路过上塘河的客船上的那位游子对于家乡的无限思念，羁旅他乡、居无定所，一条大运河，让苏州古城和无尽的乡愁紧紧拥抱在了一起，成为流传古今的名作名胜。

500多年前，“吴中四才子”之一的唐寅诗云：“翠袖三千楼上下，黄金百万水西东”，道出了苏州城的富庶与大运河的关系。而清朝文学家曹雪芹在《红楼梦》里更是感叹“有城曰阊门者，最是红尘中一二等富贵风流之地”。其实，在很大程度上说，阊门的繁华主要也是得益于大运河。一条南北水道，使阊门成为展现农耕文明的集散地和窗口。

苏州本地学者徐刚毅曾把太湖比拟为苏州的母亲湖，把大运河比作苏州的父亲河。时间是一条河，历史也是一条河。物华天宝、灵动温婉的姑苏孕育了大运河，源远流长、四通八达的大运河浸润着苏州。大运河留给苏州的遗产依然熠熠生辉。直至今日，大运河仍在为苏州的繁荣续写绚丽多彩的篇章。而且，底蕴深厚、风格独具的运河文化正在转化为巨大的物质财富。在全国经济前十强城市榜单上，苏州是唯一的地级市。最新统计数据显示，2021年苏州地区生产总值同比增长8.7%，达2.27万亿元，约占全省1/5。

时光如梦，一晃2500多年。每一处历史的烙印都让我们备感亲近，每一页翻新的日子都让我们充满惊喜，我们仿佛又看到了大运河奔涌向前时激起的朵朵浪花。

作者简介：赵腊平，亦用笔名小屋清风。湖南省邵东市人，作家、学者、高级记者。系中国作家协会会员、中国自然资源作家协会副主席、《大地文学》副主编、《自然资源科普与文化》编委、中国地质大学（北京）自然文化研究院高级研究员。现任《中国矿业报社》副社长、总编辑。著有《透视中国矿业》《历史在这里沉思》《漫话珠宝首饰》《中央党校楹联浅释》《赵腊平笔耕集》等著作或文集。

运河畔，有盘门

何 南

甫入姑苏，满眼江南；未入盘门，已开心门。

宋朝诗人范成大的诗描绘了盘门的热闹盛况：“人语嘲喧晚吹凉，万窗灯火转河塘。两行碧柳笼官渡，一簇红楼压女墙……”盘门是中国现存唯一的水陆并联城门，水门与陆门齐心协力，守护着古老而年轻的苏州城。

而托起水门的巨大力量，是大运河的杰作。“百里官河一棹通，力排群议仰宸衷”，这是明人倪岳所写《观新修运河赠总戎平江陈公其一》中的首联。“平江”是苏州的古称。“百里官河”，当指大运河平江段，比现在的苏州段略长；“一棹通”，道出了运河通航之后为水运带来的巨大便利，大运河的重要作用跃然纸上。

京杭大运河苏州段长80多公里，它滋养了苏州城2500多年的历史，更养育了苏州世世代代的人民。

从觅渡桥码头乘船，到白居易码头弃舟登岸，沿途经过觅渡桥、吴门桥、姑胥桥、干将桥等著名桥圮和觅渡揽月、桂花公园古城墙、鸿生火柴厂旧址、林则徐禁烟处、吴中四才子、万人码头等知名景点。每座桥背后都蛰伏着故事，每个景点都诉说着一段历史。苏州，就是这么被岁月宠爱着。

船从万人码头缓缓经过，水轻轻舔舐着岸边，仿佛在温柔地擦拭岁月的旧痕。船下是流动的运河水，船的上空是流动的袅袅白云，船便成为打捞诗情、追逐古旧时光的媒介。运河里有自由游弋的鱼虾，岸边有细细打理羽毛的白鹭、灰鹭，还有乾隆年间铺就的专供纤夫行走的石板路，但那些辛劳的身影早已不见，取而代之的是悠闲从容的步履。

船在第二次大拐弯时，右手边便能看到盘门。原来，在运河船上远观盘门和登上盘门观赏竟有如此大的差别。水门如一张巨口，似乎要对我说些什么哲理。蓦地觉得，滟滟水波里、茫茫历史中，盘门静立不动的每一个瞬间，都是人类智慧的走向和光阴留下的深痕。

盘门是苏州古城的标志之一，古称蟠门。始建于公元前514年，是吴王阖闾命伍子胥所修，与其余七门如阊门、姑胥门、蛇门等合称为吴国“阖闾大城”八门。之所以称为蟠门，是因为城门上曾悬有木刻的蟠龙，以震慑越国。

后来蟠门改为盘门，符合其“水陆相半，沿洄屈曲”的意境。“水陆相半”，意思就是水门与陆门的江湖地位和重要性各占一半，平分秋色。

忽然想起口齿伶俐的导游的话：“苏州运河有四多……第四多是，运河里手机、照相机多。”因运河景致太美，乘画舫游运河时，游客会情不自禁掏出手机、照相机，将之伸出舷窗外拍照，任性之间，一些手机、照相机便失控落入水中。于是，我的心仿佛幻化为水底的手机或照相机，如果真有性灵，因主人的粗心与陶醉而坠入运河的怀抱，它们会是怎样的感受？

作者简介：何南，中国作家协会会员。散文、评论、诗歌等见于《人民日报》《光明日报》《文艺报》《解放日报》《中国作家》《诗刊》等报刊。参与创作的纪录片、公益宣传片和微电影在中央电视台、人民网、山东卫视等媒体播出。出版文学作品十余部。曾获《人民文学》征文比赛一等奖，第五届张天翼儿童文学奖、上海好童书入围奖。

姑苏秋读（组诗）

胡红拴

姑苏盘门

两千五百年，护城河写透青天
吴门桥外，禅风
也洗田园
两千多年，盘门钟声一次次响起
水陆的关门
字，装满了一艘艘河船
古运河默默，清流
一曲曲旧事
瑞光塔下
步，莲香的节拍
何须
多余的意见

大运河上

乘一艘画舫，泛舟
大运河上
伍公的护城河，金戈
早已挂上了太阳的西墙
想起了烟花三月
翠柳也有思绪
思想的野马
似已连起了浩瀚的海江
铸剑江南
不仅仅是铸就一把利刃
试剑石外的风景
写满了
古道上的一块块石板
醉着的斜阳

在平江路上

走一段石板路
陪河水流淌漫游
沿河小路，脚步
丈量着那张发黄的平江古图
老桥上的唐宋
传芳巷外的风流
东华桥巷的文字

刻进了史海千秋坚硬的骨头
十泉里，一口口古井装满沧桑
狮子寺巷，卫道观前
清风中分明还可畅读《苏州府志》，我来
无非是想近闻《姑苏图》的莲香
河街相邻的古画
让浪漫的酒令
拔得了头筹

山塘街纪事

在山塘风味店前，心身
体悟着千年前的姑苏江南
乐天的意思
老街石巷，厚重的一部部书卷
绣娘的身影
似乎就在昨夜的梦里
素指纤纤
汗雨里的绫罗绸缎
古樟树外，读懂了老铺烟雨的调子
通贵桥头，倔强的琴音
冲出了，那座
古老的戏园

在山塘评弹昆曲馆听昆曲

七里山塘，路
史海上繁华的工商
通天一理，责任
把民生放在心上
想起了千多年前的醉吟先生
那些记忆，那些诗外的风采
也可唱诵，融入
亿万苍生的血浆
运河之外，山塘街楼
兰芽曲苑
游园，牡丹亭秀
戏文的记叙
不仅仅只是停步在那优美的唱腔
遥观虎丘塔影
剑池的风，清洗得何止是七里
朗朗乾坤
我看到
一个个，挺拔
伟岸的脊梁

定慧寺巷晨读

从道前街，到定慧寺
秋光里的银杏

还有迎我的老树香樟
宿醉，羞红了晨霞的眼睛
十梓街外，秋
早已备好了诗章
一遍遍静读定慧古寺
千八百年，先贤的慧影
挤满了深沉的老巷
走读姑苏，我也来分享这书香驿站
民治路上
近观这软语垒砌的力量之墙
石板为证，莲花
也有香烛檀烟
晨的味觉
且为这双塔，来一次
神的造像

再走平江路

从平江图，到平江路
千年一瞬，路，记载千秋
河，还是那样悠然
秋，依然眷恋那棵老柳
老墙的影子
似乎还停留在昨夜月的田畴
著衣持钵，卫道观前又听秋唱
潘家的老宅

可有清风盘膝静修
桂香里我也欲弃杖打坐
河船画外
颗颗压弯秋枝的石榴

耦园秋记

再读耦园
将春的景移到了秋天
天很蓝，玉兰已结出红红的果子
平江运河，秋景簇拥着诗云般的游船
我还是喜欢在酒堂的宁静
也许是血液里还留着昨夜的酒风
无俗韵轩，窗外
老石上隐现的条条苍龙
白墙黛瓦
且盖上历史的印鉴
诗家的云朵
就应该
云淡风轻

作者简介： 胡红拴，中国作家协会会员，中国自然资源作家协会副主席、诗歌委员会主任，《新华文学》主编，《中国诗界》副主编，《自然资源科普与文化》《大地文学》等杂志编委。历任中山大学、广东财经大学、广州大学等高校兼职（客座、特聘）教授，中国地质图书馆客座研究馆员，香港中文大学访问学者；

中国作家协会第十届全国代表大会代表。出版各类书籍76部，主编各类文化丛书百余册。获中国新诗百年百名最具影响力诗人奖、中国长诗奖最佳成就奖、宝石文学奖等。作品被翻译成多国文字在海内外出版发行。

运河故事

大运河

推荐语

本书『运河故事』推出的佳作，包含小说两则、故事四则。《梅花落》写的是一对青年从学生时期就相爱，两个人带着对爱情的憧憬走进社会；当男主走上仕途后，爱情观便有了大的转变，他抛弃了旧爱，选择了地位与家境都优裕的新欢。《河畔、埠头和柳树》，是以女儿为病重的母亲寻找初恋情人为故事线索，层层拨开故事谜团，实际上作者表述的却是运河边上的人物情愫与地方情怀，余味无穷。《运河故事四则》分别写了彭祖巡河、运河织女坟、五雷寨、房儿寨等地名的故事，这些地名故事给人美好的想象，又为我们留下了宝贵的文化传承资料。

——刘卫

梅花落

王虹建

下午五点多钟，小雨刚停，运河镇双子街上走过来一对情侣。男的叫夏文玉，高个子，白净脸，戴着一副眼镜，说笑谈吐都很斯文；女的叫赵雪，一脸秀气，扎着马尾巴，穿着草绿色的长裙，显得干净、清爽，也许还有些超凡脱俗。这是白露过后的第一个雨天，前些天的闷热一哄而散，空气里透着不甚明确的清凉。街上好多店铺都开着门，布匹行啦，五金店啦，鞋店啦，水果店啦，布阵似的对峙在街道两旁。店主们蔫蔫地坐在门口，有一搭没一搭地说着话，希望能在打烊前迎来几个顾客。看到这对情侣走过去，他们的眼就像换了电频的灯泡，一下子亮了好多，并且直起身子，目送他们走了好远。

赵雪是今年毕业的大学生，前天刚去运河镇一初中报过到。

今天天气凉爽，夏文玉要带她去对岸的苗圃园。

从双子街往南走，前面是个丁字街口，在街口左拐，经过一家卤肉店和一家油坊，前面是运河渡口。虽然已是秋天了，但河道里仍是一片鲜亮，有着初夏般的清新。水边的芦苇扑楞的，把青气弥漫得到处都是。一些芦花已经等不及了，率先探出头来，害羞似的带着浅浅的红色。一只名叫斑鱼狗的鸟站在枝丫上，啾啾地叫着，样子有点神经质。有的人家做饭早，屋顶上已经升起了炊烟，燃烧柴草的气味飘过来，让赵雪恍然像是回到了童年。侧耳倾听，似乎还能听到了柴草在炉膛里炸裂的声音。

沿着渡口的石子路走下去，二人来到运河边。几只野鸭在水面上来来去去，发出嘎嘎嘎的叫声。有的野鸭一个猛子扎进水里，游到很远的地方才浮出水面，得意地忽闪几下翅膀，然后再赶趟儿似的游回来。

“你们累不累呀?”夏文玉伸着头问野鸭。

“嘎嘎嘎。”赵雪捂着嘴笑起来。

“你们怎么不说话?”夏文玉继续伸着头问，“天快黑了，别冻感冒了，我还是带你们回你们的老家新安镇吧。”

“嘎嘎嘎……”赵雪知道夏文玉在打趣她，笑得喘不过气，“你可以看看它们的身份证，肯定都是运河镇的土著鸭，说不定还姓夏。”

夏文玉在苇丛里拔下一棵青嫩的芦苇，剥去外皮，用钥匙链上的小刀在苇秆上挖了几个小孔，把内壁上的薄膜抽出来，贴在挖好的第二个小孔上，一支芦笛就做好了。

“在这个秋风送爽的下午，”夏文玉把芦笛当作话筒，俨然就是一个文艺节目主持人，把水里的野鸭、岸上的一草一木都当作他的听众，“请允许我把这支芦笛曲《乡间的小路》献给赵雪小姐，欢迎她来到运河镇，在这里落地生根，生儿育女。”

“嘻嘻。”赵雪赶紧捂住了嘴。

夏文玉把芦笛横在嘴边，嘬尖双唇把气流集中到舌尖上，滴溜溜的声音就响了起来。跟竹笛比，芦笛的声音低缓、深沉，像箫，又像埙，原本欢快活泼的曲调，此时却有些伤感。尽管有几个音符不那么准确，她还是在这丝丝缕缕的调子里找到了儿时的记忆。想起去年刚去世的父亲，她的嗓子哽哽咽咽的，忍不住想哭一场。夏文玉这个人说话随和、有趣，如同一个远别重逢的兄长，给她亲切感和安全感，真真就是她长久以来所期待的那个人。等一曲结束，她早已是泪流满面。

“别难过了，”夏文玉给她擦干眼泪，双手捧住她的脸说，“来到运河镇，我会让你过得幸福。”

赵雪没有回答他。风停了，野鸭们知趣地从他们身边游过去，嘎嘎的叫声也低了下来。

“我是你最亲最近的人，”夏文玉把她搂在怀里，“还会像哥哥和父亲那样，把你放到我的心尖上，好好疼你一辈子。”

闻着他声音里那股芦苇的青气，赵雪趴在他的肩膀上，终于哭出了声。

夏文玉是赵雪大学中文系的学哥。那所大学叫运河师专，是他们地区的最高学府，学制两年，读完大二就毕业了。由于读的都是中文系，又同是一个县的老乡，二人就有一种不言自明的亲近感。赵雪是新安镇的，在县城西边不远。夏文玉的家在运河镇，在县城东边，两个镇子相距50多里。运河好似一条线，将二者连在一起。来师专之前的那些年，夏文玉像小狗、小猫一样躲在一个角落里，不知道他的模样，也不知道他姓甚名谁。一旦遇到一起，两人就成了学哥学妹，甚至是无话不谈的知己。除了外貌俊气，夏文玉还喜欢读书，并在报刊上发表了不少文章。赵雪自小就喜欢背诗词、读小说，和夏文玉交往越来越多，这种亲近的感情就日渐升格为依赖了。

按最初的打算，夏文玉准备毕业后回运河镇一初中教书，等到第二年，赵雪也过去。谁知临近毕业时，夏文玉的舅舅却说教书出路窄，去县里找到他的同学老崔，把夏文玉安排到了运河镇镇政府。赵雪认为夏文玉心眼实，不适合混官场，去镇政府真是委屈了他。但见夏文玉对他舅舅并没有认真反对，她也就没有多说什么。在世人眼里，镇政府说得上是个好地方，好多大学毕业生托亲戚，靠朋友，挤扁头都未必能进得去。夏文玉能顺顺当当地进去，已经算是烧了高香了。到了镇政府办公室，夏文玉从烧茶扫地开始，给董镇长写讲话稿，去县里报材料，其实就是镇长的秘书。等赵雪毕业时，他没去找舅舅的同学老崔，也没有通过董镇长，就托人把她安排到了运河镇一初中。他知道，人家能把赵雪的工作安排下来，并不是因为他如何如何，而是因为他背后的董镇长。想起狐假虎威这个词，他脸上泛起一丝不易觉察的笑意。

学校分给赵雪的这间单身宿舍，是一个刚退休的老教师给腾出来的。夏文玉戴上口罩，把旧桌子、粉笔头、烟灰缸、墨水瓶等东西都清理出来，将屋子打扫干净，又去街上买来滑石粉、纤维素、白乳胶，调成糊状，借来刮板、抹泥刀等工具，给屋里的墙刮了一遍大白。在此期间，他从不让赵雪过来帮忙，只让她坐在门口的小凳上听随身听。让那么好看的姑娘去干这样的活儿，简直是一种残忍。他好像什么都会，什么都难不住他。等把屋子收拾停当，学校给赵雪送来了一台饮水机，而同时分过来的那几个教师都没有。这件事让夏文玉得意了好久。这说明，校领导已经把他当个人物看了。

宿舍门前有一个椭圆形的花坛，周围是用空心砖垒的，上面是用水泥砌成的花台。这些年没人管理，花坛里已是杂草丛生，花台上的花盆也早已不知去向。夏文玉买来好几盆花摆在那里，有月季、夹竹桃，还有鸡冠花和秋海棠。拔去花坛里的杂草，夏文玉又带赵雪去河对岸的苗圃园里买了两棵梅花树栽上，东边的那棵高一些，西边的那棵稍低。他知道，赵雪最喜欢的就是梅花。

“东边那棵白梅是我，”夏文玉指着花坛对赵雪说，“西边的那棵红梅就是你。”

“嘻嘻，”赵雪为他的奇思妙想所折服，眼里的光亮亮的，“到了冬天，遇到下雪天，两棵树都开花，不知该有多美……”

“现在，我把两棵梅花树送给你，”夏文玉说，“到了冬天，你就可以送我梅花了。”

“嘻嘻。”赵雪掐了一下他的耳垂，“既然把树送给我了，这树上的梅花也都是我的，我送不送，就看我高不高兴了。”

一个人时，赵雪经常坐在窗前，望着外面的那两棵梅花树发呆。从运河师专毕业来到运河镇，她恍然有嫁到这里的感觉。今后，她要在这里上班，在这里生活，回新安镇的日子就渐渐少了。哥哥在外地打工，母亲一个人在家，常年腰腿疼，这是她最放心不下的事情。

想起和夏文玉的斗嘴，赵雪会忍不住笑出声来。她并不是不想送给他梅花，只是面对他的涎皮赖脸，她不好意思说出口。在她的感觉里，夏文玉就是一个温暖的家，细心、温和、懂冷知热，一想起来就感到踏实，浑身都暖乎乎的。

没有意外的话，接下来赵雪会和他结婚，生孩子，在不知不觉中慢慢变老。

夏文玉是她生命的一部分，甚至是她灵魂的一部分。她什么时候都离不开他。

把赵雪在学校安排好，夏文玉又去派出所给她入上户籍，中秋节就到了跟前。

夏文玉进镇政府是舅舅的同学老崔安排的。老崔是县政协副主席，虽没有太大实权，但为人气派，在县里仍有不可低估的影响力。舅舅的同学也就是夏文玉的人脉，一回生，二回熟，他慢慢把老崔当成了亲戚，逢年过节必定是要去一趟的。

夏文玉去超市给老崔办了一张购物卡，面值二百，要说数目并不让人兴奋，可这毕竟花去了他月工资的一半，心意还是真实的。可以了。

来到老崔家，夏文玉把购物卡放到茶几上。老崔用责备的语气说了句你这孩子，眼里却尽是欢喜。按来之前的打算，夏文玉还想坐下来跟老崔说说赵雪，一来是对他表示敬意，再者就是想提前和他打个招呼，将来和赵雪结婚时，他想请老崔来充当媒人。夏文玉和赵雪虽是自由恋爱，明媒正娶依旧是这里的老规矩，媒人是必须得请的。如果能把老崔和董镇长都请过去参加他的婚礼，可以说是他做梦都不敢想的排场。被这个令人激动的想法驱使着，夏文玉的手开始颤抖起来。正要跟老崔提起赵雪，一个人推门走进来，要老崔跟他一起出去喝酒。老崔喊他老王哥，看样子是老熟人。夏文玉站起来，对老崔说要回家。老崔上去抓住他的手，瞪着眼对他说："你这孩子，上哪儿去？是看不起你老崔叔，还是看不起你老王叔？"

作为这场饭局的召集人，老王是带着老婆和闺女一起去的。闺女叫王丹丽，在县农行上班。除了老王一家，参加饭局的还有董镇长和另外两个人。刚在靠门口的一个座位上坐好，夏文玉就注意到了坐在他右手边的王丹丽，眼不算大，脸上冷冷的，嘴唇却像做好了嘲讽每一个人的准备。不知是因为夜晚的灯光还是别的，她的睫毛下面藏着一丝烟雾，性感、魅惑、欲说还休，加上体形偏瘦，看上去有点风情。虽然隔着两个人，夏文玉依然能闻到她身上白麝香与茉莉花混合的香味儿，像小虫一样钻到他身体里。夏文玉每次看她时，她都会抬起头，迎着他的目光看他，与其说是挑衅，不如说是调皮。每次和她的目光相碰，夏文玉心里都像被蜜蜂蜇了一下，麻麻酥酥的，说不清是疼还是痒。

这些都被王丹丽妈妈看在眼里。王丹丽已经26岁了，以前处了不少男朋友，可不知为何，每一个都是有始无终。王丹丽妈妈看夏文玉说话踏实本分，又听老崔说他去年刚大学毕业，在运河镇镇政府上班，心里突然热了一下。

酒喝到中间，老崔去洗手间，王丹丽妈妈跟着他往外走，小声问他夏文玉有对象没有。在酒精的驱使下，老崔要向人表现自己做事仗义、干脆的一面，在细节上也就少了一些周全。他把夏文玉喊出来，直接问他有没有女朋友。

夏文玉想说已经有了，但又怕这样会闪失了老崔，正犹豫着怎么说合适，只听老崔说："你这孩子，别跟我羞羞答答的，叔叔今天给你介绍的这个姑娘，打着灯笼你都寻不着。"

说着，老崔把王丹丽从屋里喊出来，以推销的语气把夏文玉拉到她面前，如此这般地对二人做了一番嘱咐。看老崔把他和王丹丽的未来联系在一起，夏文玉触电似的打了个激灵。

再去县城，夏文玉总要有意无意地约王丹丽出来，看场电影，吃顿饭，或是去附近的公园里遛一圈，就跟刻意要完成老崔布置的任务一样。其实，他并不是想要跟她有什么结果，他只是好奇，迷恋她身上的那股味道，想对她多一些了解。如同一个游客在沿途看到了好风景，禁不住要停下来看一看。到明年，或者是后年，夏文玉会和赵雪结婚。结了婚，以后的日子也许就是柴米油盐、鸡零狗碎，平静得没有一丝波澜。如果就这样和王丹丽失之交臂，很可能会成为他一生的遗憾。

看到夏文玉的第一眼，王丹丽就注意他了。不论是长相还是谈吐，他都很像她的初恋。从个头儿上说，夏文玉显然比初恋更具说服力。若不是老崔介绍，她还以为是初恋的双胞胎弟弟过来了。回想当初，她对初恋确实是真心的，只因对一个追她的人拒绝得不够彻底，让初恋有了误会，最终选择了分手。后来的那些男友都如过江之鲫，过去也就过去了，几乎没有什么太深的印象。只有初恋的一颦一笑还留在她的记忆里，时不时地蹦出来对她挤眉弄眼，让她心里隐隐作痛。眼看闺蜜的小孩儿都会跑了，时至今日，在谈婚论嫁方面，她的年龄已经没有任何优势。错过了这两年，以后能找个什么样的就很难说了。她曾经有一个幻想，就算初恋离婚之后再回心转意，她也会毫不犹豫地嫁给他。

饭局过后的好几天里，夏文玉一直没有和王丹丽联系。后者心里灰灰的，做什么都打不起精神，既然夏文玉没有这个意思，她就没有理由主动去找他。终于有一天，等他出现在农行营业厅门口时，她说不清是激动还是惊喜，头一下子变得晕晕的。

“你来了?”王丹丽来到门口，却刻意把一部分热情藏了起来。

“我都在这儿站半个小时了，你才看见我。”夏文玉从对方的眼里看出了慌乱，“你的眼睛也不算小，却看不见这么高的人站在你们营业厅门口。”

“嘻嘻，”王丹丽笑了，“你不会去柜台前喊我?”

“先在这儿站一会儿也好，缓解一下紧张的心情。”夏文玉说。

“呵呵，”王丹丽笑到了一半，又捂住了嘴，“你这个人说话真有意思。”

和夏文玉在一起，王丹丽时时提醒自己要矜持一些，不在他跟前降低身段。可内心的火一旦被点燃，真实的一面难免会在不经意中流露出来，外表的冷静也就失去了依附。

如同一个在水塘边玩耍的孩子，夏文玉因贪恋眼前的风景而不慎跌入了泥潭里，越是挣扎，就陷得越深。时间久了，他竟对王丹丽有了很深的依恋，甚至到了几天不见就抓耳挠腮的地步。

日光晴好的日子，赵雪来到花坛里，给花台上的那几盆花松松土，浇浇水，给那两棵梅花树施点肥，拔去杂草。秋日的光影下，两棵树静静地站在那儿，跟她和夏文玉站在一起的情景重叠在一起，让她以为这两棵树就是二人的化身，一旦在这里扎下根，就会开花结果，一天天地把这安稳日子过到底。

“我在镇里太忙，你要把这两棵树照顾好。”夏文玉的声音又一次回荡在她耳边。

“嗯嗯。”她对着面前的空气点点头。

“再过一个多月，它们就要开花了。”夏文玉接着说。

“嗯，你的生日在腊月二十四，我记着呢。”赵雪轻声地说道，“到了那一天，我会挑一朵最好看的梅花送给你。”

“我娘早就急着抱孙子了。”夏文玉又说，“再过几天，咱们去把结婚证办了吧。”

想起夏文玉母亲对她亲热得过了头，她有说不出的踏实，还隐隐有些得意，“我的话你一句都没有听过。”

来到两棵梅花树之间，她用两手分别拉着两棵树的枝头，企图要把它们碰在一起。两棵树的距离有点远，使它们碰在一起的愿望并不现实。赵雪兀自笑笑，朝四下里看了看，虽没有见到一个人，却也为自己的想法害羞了好一阵子。

过了冬至，风带着北方的严寒吹过来，气温一天低似一天。

那天午休，赵雪做了一个梦，梦见她穿着旗袍站在花坛里，在两棵梅花树下举行了一场婚礼。新郎当然是夏文玉，穿着一件叫不出名字的礼服，抱着西边的那棵梅花树不停地摇晃。那些红色的花瓣落在她的肩膀上，还有几片从衣领里钻进去，落到了她的心口上，痒得她忍不住想笑。他这人就这副德行，连结婚时也忘不了搞恶作剧。等她伸手把心口上的几片花瓣掏出来，却发现手里红红的本来就不是花瓣，而是从胸口上渗出的血迹……赵雪惊叫了一声，突然醒了。

从床上起来，赵雪怔怔地坐了好久。这个梦如此诡异、惊悚，让她惶恐不安，胸口老是扑通扑通地跳。来到花坛边，只见那两棵梅花树还都好好的，想起人们说的梦和现实都是颠倒的，心跳也平静了好多。

既然梦和现实是颠倒的，那在梦里和夏文玉结婚，将来会不会变成别人呢？

赵雪被这个突如其来的想法吓怕了，一个人在宿舍里坐不住，只好骑着车子去镇政府找夏文玉。走到半路，又担心这样做有点冒失，会让别人笑话夏文玉，便来到一家商店里，用公用电话给他打了一个电话。听到他的声音依然好好的，还跟平时那么温和，赵雪心里踏实了很多，鼻子也变得酸酸的。

元旦前夕，夏文玉又一次和赵雪说起了办结婚证的事情。这一回，她乖乖地和他一起去了民政所。办好结婚证，二人接受民政所工作人员的建议，去县医院做了婚前检查。检查报告表明，赵雪的输卵管轻度堵塞，将来有不孕的可能。

夏文玉对这个结果并没有在意。眼下他们还没有结婚，生孩子的事情离他还远，他尚且体会不到没有孩子的烦恼。看赵雪眼泪汪汪的，夏文玉劝她不要伤心，情况没有她想得那么悲观。退一步说，就算是将来不能生孩子，按医生的说法，也不过就是做个手术的事情。

得知检查结果，夏文玉母亲显然受到了不小的打击。对她来说，这无疑是个大问题。考虑到儿子的感受，她并没有把所有的失望都表现出来，只是带着打牌输钱的神情，谨慎地说出了自己的忧虑。母亲的叹气声到底感染了儿子，让他觉得事情并不像他想得那么简单。

给领导做秘书，最忙的就是年底。

腊月二十四那天，夏文玉早早地来到镇政府整理年终报表，复印材料，又去街上的烟酒批发部和饭馆里结过账，不觉已是正午。在街口吃了一碗烩面，他坐上中巴，去县里交送报表。今天不去，说不定明天各县直单位就要放假走人了。送完报表回来，晚上还要去一初中，赵雪准备在那里给他过生日，做他最喜欢吃的茴香煎鱼。

把事情办完，还不到三点。夏文玉从县府街上的人群中挤过去，在西街口一家烟酒超市前面的空地上停下来，拉开新羽绒袄拉链，透透身上的热气，然后点了一支烟。受董镇长的影响，这两年他不自觉地喜欢上了皱眉这个动作，认为这能增加一个男人的深沉而得到别人的尊重。在缭绕的烟雾中，他依稀又看到了王丹丽的身影。每次来见她，夏文玉都担惊受怕，有一种做贼的感觉，生怕有一天事情败露而让他鸡飞蛋打。赵雪这样贴心贴肺地对他，也曾让他有过内疚，他毕竟辜负了人家的一片苦心。可比起两个女人带给他的迥乎不同的乐趣，以及由这种乐趣所衍生的成就感，这种内疚也就显得次要而被抛之脑后了。

夏文玉沿着胡同往北走。听人说，这里住的都是县城的老门老户，还有好多有钱人。他推开右手边第三户人家的大门，来到客厅里，把东西放在茶几上。老王两口子都出去了，只有王丹丽在家里玩电子游戏。看自己时机选得好，夏文玉的头晕了一下。

王丹丽的房门虚掩着，被窝里的温热和女人身体混合的气息从门缝里透过来，钻到夏文玉的鼻孔里，有点撩人，让他咯咯咬了咬牙。推门来到屋里，只见王丹丽正背朝门口对着镜子搽脸。她午睡刚醒，没有穿外套，秋衣很好地勾勒出她身腰的线条。

“嗯，跟你说件正事儿。”王丹丽说，“我怀孕了。”

“真的？”听王丹丽的口气不像是在开玩笑，他不觉哆嗦了一下。

“你不高兴？”王丹丽的目光几乎要穿透他的视网膜。

“怎么不高兴？”夏文玉重新把笑意布置在脸上，“听到这个消息，我一时有点晕，还不知道怎么承受这个幸福。”

“把本姑娘娶回家，你就知道怎么承受幸福了。”王丹丽捏了捏他的鼻子。

“家里这一下双喜临门，”夏文玉把脸贴在王丹丽的脑门上，像拍小孩子那样拍着她的后背，心里却乱糟糟的，“爹娘不知道会高兴成什么样子呢。”

“咯咯。”王丹丽的声音里有一种大功告成的满足，眼里盛着酽酽的欢喜，就差没淌下来了。

离开王家，夏文玉马上就皱紧了眉头。王丹丽怀孕这个消息，像一团乱麻堵在他的嗓子口，熬熬煎煎的，让他想哭又哭不出来。大街上的叫卖声，门店里播放的音乐，刚才还是一派喜气，现在却杀猪一般刺耳。一个小男孩在路边放一种名叫花蝴蝶的小礼花，忽闪着翅膀在半空中翩翩起舞，突然砰的一声炸响，花蝴蝶霎时间没了踪影。

花蝴蝶很可能是我今后生活的比喻，也许是嘲讽。夏文玉默默地想，我应该在这个时候做出决断，离开王丹丽了。

回到运河镇，天已经黑了。夏文玉下了中巴车，拖着酸懒的双腿，硬着头皮往一初中走。这会儿，赵雪毕竟是他最害怕见的一个人。但要是不去见她，自责带给他的伤害恐怕会比这更大。夏文玉推门走进单身宿舍时，赵雪正在煎鱼，系着围裙的腰身细细的，在灯光里别有一番动人。笑意从眼里溢出来，蔓延到嘴角，脸上就有了今夕何夕的内容。鱼肉与茴香在平底锅里发出滋滋的声响，好闻的饭菜香充满了整个房间。小桌上摆着一盒生日蛋糕，几样做好的菜，还有一瓶白酒。见夏文玉一脸倦意，赵雪笑道："快坐那儿歇歇，你这几天太累了。"

赵雪把茴香煎鱼端到桌子上，切开生日蛋糕，给夏文玉倒了一纸杯白酒，给自己也倒了小半杯。如果倒满，一杯酒大约三两。端起酒杯，想起和王丹丽的枝枝节节，夏文玉不禁怀疑，那个经常去找王丹丽的人究竟是不是自己。王丹丽诚然风情，甜酒一样让人心魂荡漾，然而喝多了未必就是幸事。赵雪更像一杯清茶，看似清淡，实则安静绵长。无论何时，夏文玉都离不开她。现在，他像小鼠一样缩在她屋里，明明不愿去想跟王丹丽有关的事情，可后者始终像个不速之客，硬生生地往他的脑海里闯。依他的直觉，从今以后，他和王丹丽很可能就是一别两宽了。如果时间能够倒流，他一定不会再偷着去找王丹丽，不会做出那样的苟且之事。愧疚仿佛一条小虫，把他的心咬去了一大半，使他胸腔里空得难受，还隐隐作痛。喝完一杯酒，他的胃里就有了慢慢上升的气流，头晕晕的，眼也开始模糊。趁赵雪不注意，他从兜里掏出一片纸巾，偷偷地擦去眼角的泪水。赵雪以为他是被此时的情景所感动，不停地把煎鱼中肥厚的、不带鱼刺的部分夹给他，并不失时机地把头贴在他的肩膀上，简直就是今生今世了。

"赵雪，过完年，咱们一起离开这里吧。"

"什么意思？"

"我不想在这里待下去了。"

"为什么？"

"也没有特别的原因，就是想出去看看。"

赵雪注意到，夏文玉的话里有不小的矛盾。既然想让赵雪和他一起离开，必定会有原因；要是没有原因，就没有必要让赵雪和他一起出去。自从得知婚前检查结果，夏文玉并没有在意，倒是他母亲对她比过去冷了好多。看夏文玉说话吞吞吐吐的，赵雪认为事情一定出在那个妖老婆子身上。

“娶媳妇是为了传宗接代，是用来孝顺爹娘的。”赵雪故意拿话刺他，“既然你母亲不喜欢我，你也就没有必要太委屈自己，别因为我落个不孝的名声。”

本来，夏文玉打算把和王丹丽的事情说给她，求得她的原谅，然后和她一起远走高飞。赵雪提到他母亲，等于帮他找了一个借口，也使她暂时免于遭受更深的伤害。

“赵雪，我这么做是为了你好。”夏文玉说。

夏文玉对赵雪好的动机无需怀疑，但他忽略了二人对话的前提，对赵雪的话并没有给予回应。看他并不反驳娶媳妇是为了传宗接代这一说法，赵雪气得手脚发抖，但仍尽力克制自己，冷冷地对他说：“这一段你太忙了，脑子也短路了，等放了假，好好歇歇再说吧。”

赵雪说夏文玉脑子短路是有根据的。当初得知婚前检查结果时，夏文玉曾对她说，等放了寒假，他准备带她去省城的医院好好看一下。而现在，他却丝毫不提看病的事儿，只是一味地想着离开这里，逃避现实。这是她最不能理解的地方。

明明不理解，赵雪依然不会去提醒他，更不会去问他。她想看看，他到底什么时候会想起这件事儿。当然，这也可以理解为是赵雪在和他怄气。

赵雪要是生夏文玉的气还好说，他可以给她赔不是，可以哄她开心。但她要是生他母亲的气，可就不好说了，日后相处也少不了会疙疙瘩瘩的。夏文玉在心里对母亲说，为了儿子，您老人家就暂时受点委屈吧。

这两棵梅花树是一对慢性子，人家的梅花树都已开了花，它们却磨磨蹭蹭地，迟迟不见动静，只在这几天才陆续冒出了一些花苞。今儿个早上，几个花苞已经咧开了小嘴儿。

赵雪来到花坛里，仰头望着那些在风里微微颤动的花骨朵，伸着脖子去闻它们的香气。它们很像一群小孩子，纷纷张着嘴喊赵雪妈妈。如果把耳朵凑过去，还能听到它们细细的嗓音呢。它们虽然嫩手嫩脚，却一点都不怕冷。看自己被它们围在中间，她有点难为情，求助似的朝屋里看了一眼，希望夏文玉能过来给她解围。后者正在刮脸。他脸皮那么厚，胡子长得倒挺快。

“这一大群孩子，我可养不起，将来我们只要两个孩子就够了，一个男孩，一个女孩。”赵雪自言自语道，“两个孩子都是我的枕头，躺在床上，我想枕哪个就枕哪个。”

二人在街口吃过早点，坐上了一辆去新安镇的中巴车。

赵雪哥哥所在的厂里需要加班，今年不回来过年，夏文玉要过去帮忙。搁在平时，赵雪母亲给自己做碗饭不是问题，但在年底下，劈柴，蒸馍，置办年货都是力气活，没个男的显然不行。帮她们忙活完，夏文玉准备跟赵雪一起在她家过年，到正月初三或是初四，他打算带赵雪去省城看病，看完病，就在省城找个教书的工作，从此再也不回来了。他能想象到出门找工作的不容易，但以他和赵雪的能力，在外面混口饭吃应该不是问题。这里有句老话，叫谷子地里饿不死瞎鹌鹑。

出门找工作的事情，他打算离开这里之后再和赵雪说。

夏文玉的到来给了赵雪母亲意外的惊喜。在她看来，夏文玉这孩子长相不孬，说话和气，待人厚道，虽说也是农家的孩子，但一点都不畏缩，竟像个城里人。去镇政府才一年多，他就管了那么多的事儿，听说过了年就是副镇长了。明明是个大人，赵雪母亲仍当他是个小孩子，家里有好吃的，譬如瓜子啦、橘子啦、火腿肠啦，都会拿出来给他吃。夏文玉对闺女的那个亲热，眼里的那种稠密，让她觉得踏实，心生欢喜。那老头子要是活着，看到这么好的两个孩子，不知该高兴成什么样子呢。

跟王丹丽家比起来，赵雪的家境显然有不小的差距。这让夏文玉有一种挫败感，心里空落落的，得好大一会儿高兴不起来。但他没有时间去认真考虑这个问题，眼下要紧的是如何和赵雪一起远走高飞。想到离开后，他把王丹丽抛开不管，终究是个薄情寡义的人，被人轻看，甚至被人痛骂，夏文玉忽然打了个哆嗦。

腊月二十六午后，一辆黑色小轿车停在了赵雪家门口。当时夏文玉正骑着三轮车拉着赵雪从院子里出来，二人要去镇上买苹果和土豆。看到小轿车的车牌号，夏文玉心里咯噔紧了一下。他知道这是老崔的车。说起县城的大小领导，谁是谁的表叔，谁是谁的二大爷，以及领导的兴趣爱好、车牌号、在哪儿住，夏文玉只要听一遍，看一眼，就记得一清二楚。他似乎有这方面的天赋，为此镇政府的同事都喊他“包打听”。

老崔的司机一脸喜气地从车上下来，竖着大拇指对夏文玉说：“夏文玉，祝贺祝贺！年后你就是副镇长了，组织部要对你进行考察，现在你得跟我去县里一趟。”

听到这个喜讯，赵雪母亲高兴得话都说不成句了，眼圈也微微发红。

发觉母亲有点失态，赵雪晃了一下胳膊，示意她不要这样，又对司机点头笑笑，礼貌地让他到屋里坐坐，眼里是那种有所保留的欢喜。

正如夏文玉所料，这本来就不是什么组织考察。

看到夏文玉，老崔狠拍了一下桌子，指着他劈头盖脸就是一顿痛骂，说他糊涂，愚蠢，欺世盗名。夏文玉当然明白老崔生气的原因，只好低着头，并不打算为自己辩解。等老崔骂累了，夏文玉走过去，给他倒上水，小声喊着叔，给他赔不是，说自己有些地方做得确实不恰当。

老崔虽然生气，但态度整体可控，并且还有一种潜在的建设性。接过夏文玉递过来的水，他的声音就变调为协奏曲中的舒缓乐章，多了一层温厚，还有些语重心长。

“孩子，你坐下，”老崔说，“你和赵姑娘的事儿，王家人一字不知，现在王丹丽已经怀孕了，你要把这件事情处理好。”

夏文玉说：“我明白，叔，请您放心。”嘴上说着让人放心，其实他并不清楚下一步该怎么做。

“今天，咱们一家人不说两家话。不论是董镇长，不论是你舅舅还是我，都想让你有出息。”

“我知道叔一直在关心我，在认真培养我。”

"你叔在县里也快混一辈子了，像你这样有悟性的孩子，我还是头一回碰上，我不希望你浪费了自己的才华。"

"谢谢叔夸奖。"

"孩子，王丹丽的姨夫是省发展和改革委员会副主任，舅舅是市委秘书长，娶了王丹丽，你的前途会不可限量。就是抛开她的家庭关系，王丹丽跟你单对单，你也赚着好大的便宜。孩子，现在你要把握好自己，别到将来后悔。你有头脑，有思想，我相信，你不会做对自己不利的事情。"

"嗯，谢谢叔……"夏文玉趴在桌子上，呜呜哭了起来。

春分过后，花坛里的梅花落了一地。花瓣层层堆积起来，满地的红消香残，比花开时日多了不少冷清。长时间没人管理，花坛重新回到了过去的样子，短暂的热闹最终归于寂寞。那几盆花被丢弃在花台上，在那里自生自灭。偶有几只蜜蜂从那里嗡嗡飞过，还能让人想起花开时的光景。

赵雪没有回一初中上班，她那间单身宿舍始终锁着门。有消息说，前一段时间她向学校请了病假，病好之后还会回来上班。

夏文玉知道，这是一个不实的消息。

赵雪有病属实，是胸口烧伤，并且住了院。烧伤本来就不容易好，又因赵雪消极治疗而出现了伤口感染。住院那几天，她什么都吃不下去，眼窝深陷，脸色苍白，好端端的一个姑娘，瘦得几乎快要没命了。夏文玉去医院看她，连面儿都没见上，就被赵雪母亲给赶了出来。

元宵节那天，赵雪给母亲做好饭，从炉膛里取出一块炭火按在了自己胸口上。那里刺有夏文玉的名字，她要把它给抹掉，不让这个名字和她再有任何牵连。出院后，赵雪不想让母亲有过多的担心，向她保证自己会好好活下去。过完这一段，她还要去学校教书，只是上班的地方得换一下。她再也不回运河镇了。

作者简介：王虹建，河南沈丘人，曾在《人民文学》《作家》《青年文学》《中国作家》发表作品。

河畔、埠头和柳树

丁　真

卓越，是我的名字。和很多普通的高校毕业女生一样，有着一份收入不算太高但够日常生活开销的、平时不算太忙但至少也不是坐着干吃闲饭的工作。23岁的我还有一个其貌不扬的爸爸和一个平平凡凡的妈妈，他们都是上班族。另外要说的是，我还有一个初恋男友，我一直很爱很爱他，而他对我也是很宠爱，虽然他是个普通的上班族没有太多的钱，月薪也没有我高，但是这一切都不重要；虽然我们是每个月千攒万省然后等待着去吃一餐西餐，但那省出来的那一顿牛排会让人觉得特别好吃，每次我们都把水果沙拉、蔬菜色拉、开胃酒、红茶、牛排、鸡蛋餐包都给吃得一点不剩，然后看着对方解馋似的舔舔刀叉勺，发出会心的微笑。

春天还没有完全到来，而我早春一样的初恋却在再三犹豫中结束了。

起因是我察觉到金钱让我们完全陷入了窘境，那些名贵的服装、首饰、化妆品对于我来说，是那么遥不可及，我开始有点羡慕女友们的行头装饰。这个时候，有个人闯入了我的世界，他是某家公司的老板，他有一份固定的工作、有一笔可观的收入、有一部漂亮的房车、有一套宽敞的房子，虽然他人长得不够帅气，但还是跟卡西莫多这号人是沾不上边的。

在我再三犹豫中，我的初恋决定去外面闯荡世界，他认为他出去以后是一定可以带着大把的钞票衣锦还乡的，这一点，我不敢奢望。我当然盼望着他能够有前途有出息，我也希望有奇迹发生。所以，我没有阻拦他——如果，我加以挽留的话，他就一定不会走，一切又将回到从前一样，我不想。

他走了，没有人能够补上他的空位，我有些怅然。与此同时，妈妈被检查出患了乳腺癌，需要住院治疗。

今年的春天，就是在与初恋男友分手和妈妈住院治疗两件事情同时发生的情况下开始的。

家里少了女主人，就只剩下了我和爸爸，我决定在妈妈住院期间不再给家里增添负担，我渐渐学会了洗衣、做饭、烧菜、洗碗、拖地板、打扫房间，并把这些事情都揽了过来。妈妈住院以后，这些家务活都没有人做了，爸爸上班已经够辛苦的了，下了班以后还要去医院服侍妈妈，我也该学着为这个家尽一份绵薄之力了。

但是有一天，我却在家里发现了那封不该让我看到的信笺。

首先找到的是一个上了锁的音乐盒。我想这应该是妈妈想要找的吧？因为就在确定病情以后正式入院的前一天晚上，很晚了，妈妈还在家里翻箱倒柜找什么东西。我问她找什么？她说，她找的是一个上了锁的音乐盒。她说近来脑子里不停回响着一段旋律，想来应该是这音乐盒发出的，所以想找到能够再听听这首曲子。

也许是时间隔太久了的缘故，那天晚上音乐盒始终没能找到。

我当时就很不解，为什么妈妈要听那一段旋律就一定要在这个音乐盒里听呢？可是那晚我并没有问。而现在，面对着这个怎么也找不到钥匙的音乐盒，按捺不住好奇心，我终于偷偷地把它撬开了。

在音乐盒的夹层里，有一张照片和一封信。照片的背景是一个河埠码头，不大，很干净，历史的积淀感扑面而来。码头旁是一棵直柳，绿色漾出了照片。一个穿碎花连衣裙扎着马尾辫的少女和一个男青年并肩而立——那个少女从容貌上来看很像妈妈。可是，她身边的这个男青年，却好像不是爸爸。那么，那个青年，又会是谁？

我又拿起那封信。信封上的收件人地址一栏写的是：

浙江省杭州市小河地区　王大力　收

王大力？这不是爸爸的名字。我的好奇心加重了，展开这叠得工工整整的信笺，一行娟秀的字体跃入眼帘。

“大力哥，你好吗？希望你过得比我好。我今天去见了那一棵我们初次见面时的柳树，它是那么翠绿，映在运河河面上，连倒影也是那么好看……而你，真的就要走了吗？难道我们就因此而分手吗？大力哥，我能再见你一面吗？就在我们相遇的柳树旁，明天晚上七点，不见不散。”

落款是：凤琴。那是我妈妈的名字。

时间是：1985年3月25日。

这是26年前的信吗？

这是妈妈26年前写给一个男人的信！那个男人叫“王大力”！但是，为什么这封信又没有寄出去呢？

这个问题让我百思不得其解。我几次想直接问妈妈，但是话到嘴边又觉得不太妥当，所以还是没有问。但是我能感觉到这里面的东西，对于妈妈来说很重要。所以，去医院看妈妈的时候，我拐弯抹角地问起了运河畔的小河直街，我知道那是妈妈的老家。

妈妈说，她的故乡很美，街上都是木房子、青石板，穿过厢房，后门就紧挨着铺着石板或鹅卵石的埠头，在那里洗衣淘米时，时不时有船从运河上驶过，船体机器发出的声音好听极了，一派繁忙景象。不过，她从故乡出来也已经有很多年了，自从出来以后就没有再回去了，上一次回去，还是十七八年前的事情了。因为我还太小，路途又遥远，没法在这么长的旅途中照顾我，加上那个时候家里经济紧张，交通又不及现在便利，所以再三考虑，还是放弃了。虽然当时觉得很遗憾，不过时间一长，也就不觉得什么了。现在的运河畔，变成什么样了，也不清楚了呢。

我看着妈妈，她虽然笑得很从容很恬淡，但我觉得她说得不对，妈妈至今仍然还是在为此感到遗憾，因为相信那个地方，对于妈妈来说，很重要。

我突然问妈妈：“那么，您为什么要出来呢？看得出您很留恋小河地区，不是吗？您为什么要和爸爸结婚呢？他从那时到现在都不太富有啊，除了爸爸，还有没有其他人交往过呢？”

妈妈愣了一会儿：“这个……当然是有的。”

“结果到了最后，还是选择了那个人啊！”用“那个人”来形容我的爸爸好像有点过分，但我还是说了出来，说出后又觉得不妥。

“那个人？他可是你爸爸啊，他年轻的时候很帅气的，这点你不知道吧？”妈妈的笑容中有几分甜蜜。

也就是说，妈妈的初恋对象并不是后来和妈妈结婚的爸爸了？如果没有猜错的话，应该是那个叫王大力的人吧？

妈妈若有所思，低声地说：“我这病，怕是好不起来了……不知道，还有没有机会，回到家乡去？”

运河畔……小河地区……王大力……

我决定了，要去找到那棵树，找到那个叫王大力的人，这恐怕是妈妈最大的心愿了，帮妈妈找到他，是我的责任！

就这样，我上了去杭州的动车。

动车很干净，也很敞亮。车厢里的人坐得满满的，大部分都是江南的口音，软软的。

可是小河地区呢？到哪里去找？运河这么长，运河畔的小河直街一定很难找，正在我泄气的时候，出租车司机笑出声了。他说，他姓张，小河地区现在是小河直街历史文化街区，很有名气，去那边没问题。

“喏，到了，这就是小河直街。”张师傅对我说。

我下了车，看着一条条熙熙攘攘的巷子更加茫然。正如妈妈所说的，运河畔的小河地区，这么多个埠头，这么多户人家，我该到哪里去找那个叫王大力的人和那棵柳树呢？难道，就真的只能让妈妈今生都遗憾吗？

一路上听了我故事的张师傅望着一脸失望的我，问："你说的那个王大力，和你有什么关系吗？"

我不知道该怎么回答张师傅，我不想让他知道故事中的女人公就是我妈妈，对刚认识的人就说这些，不好。

我的迟疑让师傅发笑："我也是小河地区的原住民，实行街区保护时，我们家搬到了秉祥巷，大力，我认识他，我不是很清楚他具体搬到哪儿了，只是听人说，他现在在这边租了好几间铺子，开了咖啡馆。"

是吗？他还在这里……我有些紧张起来，我要找到那个叫王大力的男人，我要找到河埠头那棵柳树，我要让妈妈看到，看到他和它。

我开始寻找王大力。

根据张师傅提供的有限资料，我知道了他的大概位置。又问了好几处，可能真的是运气比较好，我终于找到了他的店里。

这是一间好奇怪的咖啡店，门口喷绘着艾米莉·狄金森的诗歌《Because I Could Not Stop for Death》，整个白墙面喷满整首诗的中英文版本。我在店门口徘徊数趟，时不时探头往里面看去，都没看出这是一家咖啡店。我也不敢贸然进去问老板姓名，只得耐着性子等了半天，听到屋子里手忙脚乱的轻响声。

一个虎背熊腰的男人走了出来，低着头，看也不看我一眼，又进去了。

他怎么这么没礼貌啊？至少也应该问我是谁啊？他怎么能就这么不理睬我呢？

我赶紧跟了上去，跑进店内，大声喊："叔叔！你等一下！叔叔！王叔叔！王先生！等一下！王大力先生！王大力！"而疾步回到吧台的男人却是当作没听到一样，吊儿郎当的，理都没理我。

这就是我千辛万苦要找的人？会不会真的找错了？我感到迷茫，心酸，还有的，就是失望。

下个一秒，他粗鲁地朝我喊着："你是谁！谁叫你来的！"他狠狠地盯着我，我哪里还说得出话来。

我仔细看了看他的脸，他头发略长、胡子拉碴，有一种艺术家的样子，但看起来好像也很凶，这和我想象中的那个老实巴交的男人有很大出入。

我张了张口。不知道该说什么，又不知从何说起。

他又瞪了我一眼，完全没兴趣想知道我是谁，没等我开口说话，就自顾自转身，开始擦拭店里的器具。

隔着吧台，我小心翼翼地问："我妈妈……凤琴……您还记得吗？"

他回过了头，起先满不在乎的样子，慢慢变了。

是的。他记得凤琴，他记得妈妈，但这并不代表什么。不管我怎么恳求，他都不愿意去见我妈妈。

我觉得很失败，转身往外走。

在走到第五步的时候，他开口叫住了我，态度有些缓和："哎！你妈妈，她真病得有那么重吗？"

他答应了跟我去见我妈妈。

可是现在，我倒是犹豫了。按道理说，我应该高兴才是，可不知为什么，我突然心里产生了一些担心，妈妈，她会高兴还是会失望，会难过，会更遗憾呢？

"不行。"我说。

"为什么？"他居然毫无感觉。

我看了他一眼："我说不行就不行。"

"什么？"

我不理会他凶恶的眼神："如果是我，和珍藏了二十几年的初恋相遇，是不想看到了一个吊儿郎当的男人在那里一副无关风月的样子！"

他卸下了防备，放松了下来，对我说："那你说该怎么办？"

我也放松了下来："你需要拿出你的真诚。"

他低下头，发出了一声轻蔑笑声。

态度缓和下来的他，还真的有些男子汉气概呢。

在他的咖啡店，我们开始了聊天，他好奇妈妈最终嫁了一个怎么样的男人，我则好奇他一把年纪了居然还是个单身汉。

后来才知道，他结过婚的，几年前又离婚了，听起来他似乎还是很在乎妈妈的，只是他碍着面子不肯去找而已。

聊得起劲，不知不觉中，我已经喝上了他冲泡的第二杯咖啡。

我看了看窗外，感叹道，“这个地方真美啊，每一个店面都那么有艺术性，进来店里又别有天地，坐着喝茶、喝咖啡，靠窗的位置能看到运河的全景。只要坐着，就很舒坦。”外面的路灯渐渐地亮了起来，我忍不住问起了他和妈妈分手的事情。我很好奇，既然他们的感情这么好，为什么又要分手？是不是因为他不愿意离开运河畔？

他说：“那是以前的事，都过去了，不能听我的一面之词，那会有太多的主观色彩。”等了一会儿，他又说：“你也该到了去谈恋爱的年龄了，不然老显得无事情可做。”

“我谈过恋爱的。”

他显然不相信：“就你这副打扮，跟个高中生似的，怎么懂得什么叫恋爱呢？”

“我说有就有！”我略有些赌气地说。

“那恐怕也是暗恋吧！那种倾慕和恋爱是完全不同的，两个人真的在恋爱的话，就要完全的向对方坦白，有些事情，完全应该当面锣对面鼓地说，不说的话，对方又怎么会知道？”他说这话的时候，神情有些低落，我怀疑他是在说他自己，不然怎么说得让人听不懂？

最后我掏出了那封本该由妈妈寄去给他而没有寄出去的信，递了过去。

离开小河直街时，我坐了动车，回到了自己的城市。因为到家很晚了，出去了几天又没有合适的借口或理由，所以引起了爸爸的不高兴。我和爸爸吵了起来，我生气地把自己关在房间里面，越想越委屈，哭了起来。第二天早上起来，没看见爸爸，倒是在桌上看见了那个音乐盒和做好的早饭。打开音乐盒，悦耳的铃声跳了出来，音乐声很耳熟，却是想不出名字，看来是爸爸把它修好了。这个时候，就接到了那个开出租车张师傅的电话。他说，对着照片找，那个埠头已经找到，他把定位发我，就等我妈妈来了。

我有些兴奋，告诉妈妈，有礼物要送给她，但现在保密。另外，我告诉王大力，要让他务必在约定的时间里到这个埠头等，一再叮嘱他要按时出现。

做完了这一切，我看了看自己的存折，只剩下二位数了。但我一点也没觉得心疼，因为这一切，都很值得。妈妈，会和自己的初恋重逢的，时隔二十六年的重逢！

约定之日的前一夜，我又发微信给王大力，我对他实在是不放心，叮嘱了要注意的事情之后，我们俩都默默无言。他发了一段视频给我，咖啡店的窗外，雨一直在下个不停，河面上深深浅浅的小水窝，货船慢慢从窗外驶过，升起一种清清淡淡的忧伤。他问我："为什么？你为什么想要让我们重逢呢？"

我低下头想了很久，才说："妈妈为什么不寄出那封信呢？也许寄出了，结果就不一样了。"

他没有再回话。

到了约定的那天，尽管还是在下雨，但是我的积极性不减，骗过了医生和爸爸，带着妈妈出了医院，来到了杭州。出站的时候，张师傅当了我的助手，我们直奔那个河埠头。

在车上。不知道为什么，妈妈讲起了她认识爸爸的过程，讲着讲着，妈妈露出了幸福的笑。我从来不知道，他们之间会有那么多故事，那么有意思，那么浪漫。如果妈妈不说，我怕是永远也不知道这背后的温柔情感的吧！

我和妈妈如约到了河埠头。河埠头旁有一棵粗壮的柳树。有几百年了吧，我想。我没看出这个河埠头和其他河埠头有什么区别，但是像张师傅他们这样的运河原住民能看出来。他说，运河畔的一草一木，米店、茧行、布庄、孵坊、酱园等，都还保留着旧时光的模样。

雨还在下，河面上深深浅浅的小水窝，货船慢慢从河面上缓缓驶过，留下一条直直的水痕。只是，王大力没有来。

就在我发愁的时候，妈妈突然笑了。她说，其实王大力已经去过医院，和她说了这件事情。现在，他应该是去找另外一个女人的路上。

正从远处跑过来一个人，是爸爸。

妈妈温柔地说："就算当时寄出了信，见了面，也不一定就不会分开。人生有很多事，是能通过时间来证明对与错的，但还有一些事情，不管当时做什么样的选择，现在、今后，都不知道当时做得对不对。"

我看着妈妈，难过得低下了头。

"就像现在，就算我看到了这个河埠头、看到了这棵柳树，我也不知道是不是我当年那一棵了，可是，这有什么重要的呢？我知道那个河埠头、那棵柳树，它一定存在的。不管我有没有找到它们，就像运河一样，千百年来，它一直在流淌，河畔人家换了一代又一代，他们因运河而生活，和运河紧密联结在一起，这些根与血脉相关的，会一直传承下去。而妈妈我，有你这么一个好女儿，我很知足。"

我忍住了眼泪，和妈妈及赶过来的爸爸一起，在河埠头的柳树旁留下了一张合影。这是我们全家最后一次合影。不过我想，即使最终妈妈没有能够和她的初恋情人重逢，也一定是没有遗憾的了。

作者简介：丁真，女，1982年生。中国作家协会会员、台州市作家协会副主席。在《江南》《红岩》《西湖》《厦门文学》等刊物发表中短篇小说，部分作品被《小说选刊》转载。出版个人短篇小说集《偶尔偏离一下的生活坐标》《烈焰成池》《红花香，白花亦香》。入选浙江省首批青年作家人才库。

运河故事四则

牛兰学

彭祖巡河

彭祖就是那个传说活了800多岁的人，是中国长寿始祖，是我国第一位著名的职业厨师，也是中华养生学的开山鼻祖。今天我们看到的寿星形象，一般认为就是他的化身。彭祖和运河有什么关系？这里面还有什么渊源吗？

据《馆陶县乡土志》（清光绪版）记载："彭祖墓在城东三十里彭祖店村。"《馆陶县志》（1936年版）增收彭祖墓照片一幅，并附文说："彭祖墓，在县治（今聊城冠县北馆陶镇）东北三十里彭祖店村西南，高六七尺，占地二丈余。"新中国成立后，由于区划变动，卫运河（今隋唐大运河馆陶段）东部原馆陶县辖区划归山东省冠县、临清，卫运河西部原馆陶县辖区仍名馆陶县，归属河北省。现"潘彭祖店村"旁的彭祖墓在今临清市潘庄镇域内。据考察为龙山文化遗存。有一种说法是，彭祖死后埋葬在隋唐运河边。

相传在三皇五帝中的尧帝时期，中原地区洪水泛滥成灾。作为当时部落首领的尧帝指挥治水，由于积劳成疾，卧病在床，数天滴水未进，生命垂危。就在这危急关头，彭祖根据自己的养生之道，立刻下厨做了一道野鸡汤。汤还没端到跟前，尧帝远远闻见香味，竟然翻身跃起，食指大动，随后一饮而尽，次日容光焕发。此后尧帝每日必食此鸡汤，虽日理万机，却百病不生，一时传为美谈并流传下来。历史记载大禹治水的时候，来到过“衡漳”，就是今天山东省冠县、临清和河北省馆陶县，甚至衡水这一带，可见彭祖早年来到过这里。

后来，彭祖游历全国各地，还发明了“井”，许多地方都有他的事迹。彭祖晚年听到“圣人出，黄河清”的传说，他一想，大禹治水患，我治大禹病，我也是治河功臣呀，我也要看看黄河变清。于是，他便来陶山（馆陶、蔺寨等地）游历、修行、巡河，等待看“黄河八百年一澄清”的奇观。相传他的妻子在此时也得了病，她想尽各种方法却久治不愈，天天愁眉不展。有一天，出门散心，遇到一对老年夫妻，让他的妻子喝了一碗鸡蛋和艾草熬的汤，使他的妻子转危为安。从此他开始研究艾草的医药作用，并用以养生，创造了艾草养生之法。可能是受了彭祖的影响，后来馆陶人喜欢上了艾草，用艾草治病，并用艾草灸穴位，也直接灸患处，并且往往有奇效。艾草的医药作用主要是抗菌、平喘、利胆、止血、理气血、逐湿寒、调经安胎、清热止咳、消痰利咽等功效。目前，馆陶县以彭祖命名的“彭艾”已经成为闻名全国的产业。

很早的时候，人们就注意到黄河的水经常是浑浊的。传说黄河五百年变清一次，甚至还有“千年难见黄河清”的说法。“普天有道圣人生，大地山川尽效灵。尘浊想应淘汰尽，黄河万里一时清”（明代罗贯中《平山冷燕》）。几千年来，许多中国人总是希望“河清海宴”。“黄河清”被视为会给人们带来幸福的祥瑞。彭祖当然也愿意看看这一奇观。他在这里住了许多年，谁也不知道他是否看到了黄河清了没有。

一天，牛头和马面正在溪水边不停地忙活，忽然看见一个红光满面、鹤发童颜的老头儿一蹦一跳走了过来。“喂，你们两个家伙在干什么呢?”老头儿好奇地问。“我们在洗煤。”牛头头也不抬地说。“洗煤?”老头儿用疑惑的目光望着他俩。“我们要把这些黑煤洗白了，去给上司交差。”牛头指着身边的一堆黑煤说。“哈哈!我彭祖活了800多岁，还没听说黑煤能洗白呢?你们俩都是大傻瓜呀。”老头儿听了，不住口地嘲笑他们。“你是彭祖?”牛头马面一听这个名字来了精神，站起身来，从腰里掏出绳套，套在老头儿的头上就走。

“干什么?”彭祖不满地嚷嚷，“见阎王去!你这老东西害得我们好苦啊，又脏又累地洗了这么多年煤，把我俩都洗成黑鬼啦，还是阎王爷高明，他未卜先知，知道在这儿洗煤准能抓到你，真是神机妙算!”

据地质学史专家李鄂荣先生考证，中国历史上的“河清”，有记载可查的便有43次，首见于汉文帝八年（前165年），如从此时起算，平均不到40年就有一次河清奇观（李鄂荣:《黄河下游地上悬河的形成》《说说黄河的“黄”》）。据记载，乾隆五十三年（1788年）的“河清”，是中国历史记载中的最后一次黄河变清。当然，我们依然盼望着绿水青山。

就这样，彭祖死在了这一带，被当地人埋葬在了彭祖店村。这里曾经是黄河、漳河、卫河流经的地方，那时黄河也不从山东省入海。据说，在江苏徐州、福建武夷山、浙江临安、陕西宜君、河南鄢陵、四川彭山等地都有彭祖墓等历史遗迹。我曾多次考察、拜谒彭祖墓，望着依然高大的陵墓，我想今天我们讲述运河故事，主要的还是要弘扬文化，建设中国，使得中华生生不息，永续繁荣昌盛。

运河织女坟

今天的黄河似乎和河北省没有什么关系，尽管河北得名源于“大河之北”，但是黄河从河南一头扎进山东省，根本就没有和河北省擦边，河北距离黄河最近的直线距离也差不多有100多公里。不过，历史上这条倔强的“中华母亲河”，从三门峡走出来，脚步一直都是踉踉跄跄，横行南北，多次改道，还真从今天的河北省流过。宋代时，她从河南省一路径直向东北，甚至就没有怎么搭理山东省，流经河北直接从沧州注入渤海，看都没有看一眼东营。我们说的这个《运河织女坟》的故事就发生在那时的馆陶县。现在织女坟静静伫立在永济河故道，即今天的永济河畔。

宋朝初年，黄河从馆陶县境内流过，正好从现在的馆陶县中部的两个村庄即孟庄和热河村中间穿过，孟庄在河西，有百十户人家，热河村在河东，有60多户人家。两个村的村民都十分友好，你来我往，走亲串友。两个村的孩子们也愿意来到水边嬉笑玩耍或听渡口的李爷爷讲故事。孟庄有一户姓孟的人家，有一个女孩叫孟花，生得俊俏水灵。热河村有一户姓王的人家，有一个男孩机智聪明，叫王志勇。两个小孩在一起玩耍、摸鱼、割草、听故事，正可谓两小无猜、青梅竹马。他们随着年龄的增长互相有爱慕之情，慢慢地就被渡口摆船的李爷爷看了出来。有一次，李爷爷笑着对他们说，我要给你们的二位各出一个谜语怎么样？李爷爷是说要做月老。两个年轻人喜在心头，爱情就不断地增长，他们相约不愿同年同月同日生，但愿同年同月同日死。

不巧的是，那一年的夏天，连续下了七天七夜的雨，地里的水都浸不下去了，可黄河的水眼看着往上涨。这时，王志勇已经21岁了，孟花也19岁了，他们俩都帮着自己村里的百姓向高高的黄土岗子上转移。人们牵着牛驮着粮食、锅灶，扶着老人，抱着小孩。眼看着热河村的群众转移完了，孟庄的人还有一部分，王志勇就不顾生命危险，带着几个年轻人来到孟庄帮助百姓转移。那水一会儿就有半腰深，许多房屋已被泡塌，只见王志勇蹚着水把老人和孩子一个个背到船上，孟花和乡亲们一起拼命地划船转移百姓。随着水的不断加深，有一个扶着大树的老人情况万分紧急，王志勇用一条带子把老人绑在树上，使劲地喊船。水越来越大，他已经没有力气再游泳了，一个漩涡把他卷走了，他再也没有回来。

老人得救了，洪水也慢慢退却了，孟花来到村址上，除了几堆砖头以外什么都被冲走了。当她得知王志勇被洪水吞噬以后，痛不欲生，也投河殉情了。后来，人们把她从河里捞上来就葬在黄河岸边，称为孤女坟。人们都祝愿她升天成神，就把孤女坟叫“织女坟”。经渡口的李爷爷提议，百姓为了悼念他们，就于这年的七月初七把冲毁的孟热二村合并为一村，搬到了原来的孟庄村的北面，改村名为“天河”，人们希望牛郎和织女通过鹊桥相会，倾诉衷情，相爱永远。这就是“天河”村名的来历。明永乐二年（1404年）由山西省洪洞县迁民来此定居，仍沿用“天河”为村名。这一故事记载于《馆陶县志》。人们传说每年的七月初七，天河村喜鹊就特别的多，来这里为牛郎织女相会搭桥祝福。

现在，天河村隶属于河北省馆陶县柴堡镇，正好在馆陶县中部，已经是闻名遐迩的鹊桥小镇。村内的景点有鸳鸯湖、织女庙、织女坟、织女坊、艾香缘体验馆、花海栈道、鹊桥等，种植千亩艾草基地，是彭祖艾草的主要产地；呈现了小桥、流水、人家的田园风光，成为集观光旅游、健康养生、休闲娱乐等功能于一体的美丽乡村。2020年6月25日《人民日报》报道该村《千亩艾园采芬芳》；2022年6月8日，《人民网》以《小艾草“变身”大产业》再次报道该村。

馆陶县民间自古就有种艾草、用艾草的传统。当地也以艾草为载体，不断向人们传播着传统文化。天河村以端午为契机，为游人准备了缝制艾绒被、制作艾条、感受艾灸等缤纷多彩的活动，让到此游览的各地游人都能感受端午节里的艾草文化。

五雷寨

话说春秋战国的时候，在阳城（今河南浚县），有一个地方名叫鬼谷。因其山深、林密、幽不可测而得名。谷中有一个隐士，自号鬼谷子，学问渊博，有通天彻地之能。由于他测凶吉死生应验如神，便有许多人来投师求学，齐国阿人（今山东阳谷东北）孙膑和魏国人庞涓都是他的学生，两人结为兄弟同学兵法战策。庞涓学习兵法已有三年多，自认为已学成，这时偶然在山下听到魏国招贤，心中大动。鬼谷先生察言观色，早已了解他的心意，便说：“你去摘一朵山花，我为你占卜一下。”

庞涓答应，到周围去寻找山花。这时正是六月暑天，百花开过，没有山花。庞涓找了半天，只采得一株草花，因见它又弱又小不成大器，扔在地上，又去寻找，无奈仍未找到山花。庞涓只好拾起草花藏于袖中，拜见先生：“山中没有花。”鬼谷子先生说：“你衣袖中是何物呀？”庞涓只好拿出早已枯萎的草花。鬼谷子先生说：“这种花叫马兜铃，一开十二朵，是你享受荣华富贵的年数，你在鬼谷采到它，它又被太阳晒得枯萎，‘鬼’傍着‘委’，你的发迹在魏国。有八字相赠，你该记住‘遇羊而荣，遇马而瘁’”。庞涓暗暗称奇，跪下谢师。孙膑送他下山，庞涓说：“我与孙兄有八拜之交，此番若能得到重用，定会举荐兄长，同立功业。”孙膑说：“贤弟此话当真?”庞涓发誓道：“我若言而无信，就死在万箭之下。”于是，两人洒泪而别。后来庞涓在魏国当上了将军，因为嫉妒孙膑的才能超过自己，便多次设诡计陷害孙膑。他诓骗孙膑来到魏国，然后捏造罪名，诬陷孙膑，并施以膑刑（去掉膝盖骨）。以后孙膑看穿了庞涓的诡计便装疯卖傻，被齐国使臣秘密救出到齐国。经过齐国将军田忌的推荐，被齐威王任为军师。孙膑出主意的“田忌赛马”的故事广为流传。从此，孙膑和庞涓便各保其主，进行了十几年的斗智斗勇交兵之战。

周显王十六年（前353年），魏国派庞涓率兵8万，由大梁（今河南开封市西北）出发，北上进攻赵国的都城邯郸（今河北邯郸西南），赵国向齐国求救，齐威王于公元前353年命田忌为主将，孙膑为军师，率兵8万救赵。孙膑提出了“围魏救赵”的主意，在魏军归途予以截击，在桂陵（今河南长垣西北）埋伏歼敌。庞涓果然退到此地，遭到齐国截击，败回大梁。公元前340年，魏国又出兵进攻韩国，韩国弱小，慌忙向齐国求救，于是齐国出兵救韩。当魏国得知齐军攻魏救韩的消息后，立即撤去围韩之军，回到大梁，决心集中主力迎击齐军，以雪桂陵之耻。于是齐国派田忌为主将，孙膑为军师，率兵10万迎战魏军。魏王命太子申为上将军，庞涓为将军，也率兵10万迎击齐军，寻求决战。两军对垒，各自安营扎寨，练兵布阵，在今馆陶县北部各自摆出“五雷阵”，一时间杀气腾腾，喊声阵阵，鼓角齐鸣，魏军布阵，齐军攻破；齐军布阵，魏军攻散。“五雷阵”大摆数月，又各自变了许多阵法，决战数月都不得胜。一天，北风盛起，孙膑根据庞涓取胜心切的心理，提出了退兵减灶，设伏歼敌的计谋，从馆陶节节南退。根据孙膑的意见，退军的第一天挖10万人吃饭用的灶，第二天减少到5万，第三天减少到3万。庞涓志大才疏，骄傲轻敌，误认为齐军畏惧魏军，逃亡严重，于是丢下步兵，只带少数精锐日夜兼程尾追齐军。孙膑估计魏军将于日落后进至马陵（今河北大名东南），便选择了险恶地形，埋伏好弓箭手。黄昏，庞涓率军进入伏地，齐军万箭齐发，魏军大败，庞涓中箭而亡。魏军前后被歼10余万人，从此魏国一蹶不振。

明朝永乐二年（1404年）由山西洪洞县迁民来此定居，听说孙膑、庞涓交兵曾在此设过“五雷阵”，便按大户姓氏分别起名孙雷寨、安雷寨、高雷寨、王雷寨、侯雷寨。后侯雷寨并入安雷寨。现“四雷寨”属邯郸市馆陶县魏僧寨镇管辖。

房儿寨[1]

馆陶县有个房寨镇，其中两个村分别叫孩儿寨、常儿寨。相传宋朝建立以后，辽国便不断同宋发生冲突，馆陶正是宋辽交战的主要战场之一。在馆陶北部到处都是辽兵修建堡垒、安营扎寨、屯粮屯草的地方。

相传，辽国出动了大批兵马南犯，这些兵马有多少呢？老百姓说共有“一斗谷”，即每个士兵拿一粒谷粒正好把“一斗谷子”拿完。1004年前后，辽国的萧银宗带领军队为了躲避宋朝士兵的追击，从现在路桥乡这一片地方每个人撮了一帽壳篓（头盔）土就一夜建起了一座城，至今这座城还在，叫“萧城”，在馆陶县旧县城东南五里；而路桥呢，叫“路桥洼”。由于萧城是我国不多见的没有护城河的城，更不知土从何处来，所以更加证实了传说。你想想，如此多的兵马进犯宋朝，宋朝如何能阻挡呢？

不要紧，因为宋朝拥有精忠报国、英勇善战的“杨家将”和“杨门女将”。杨家将的故事在馆陶县妇孺皆知。在紧要关头，宋朝军队也来到馆陶县，在馆陶县南部安营扎寨，修建堡垒，两军对垒，杀气腾腾。多少血战，多少故事，几十年的时间宋辽在馆陶县进行了拉锯战。辽兵的每次进犯，都被英勇善战的杨家将

[1] 2017 年，该故事入选“中国最美地名故事”，并获优秀奖。

杨宗保之妻、巾帼英雄穆桂英率兵杀得损兵折将，望风而逃。辽军虎视眈眈，不敢南犯。但是，辽国的侵略野心毫无收敛，气焰越发嚣张。这一年穆桂英已有身孕，当辽兵得知作为北宋领兵元帅的“混天侯”穆桂英临近分娩时，便乘虚而入大举进犯。穆桂英得知这一消息，不顾将士的劝阻，身穿铁甲，稳坐马上，手持花枪，为了收复国土，不顾个人安危，率兵亲临战场，与辽兵展开了浴血奋战。辽兵一看端坐在马上的穆挂英并没有身孕的迹象，哪来的分娩呢？心中便有了几分胆怯，再加上穆桂英武艺高强、士兵的英勇杀敌，直杀得辽兵节节败退。由于在鏖战中，运动量过大，穆桂英感到肚子隐隐发痛，有分娩的迹象，于是她虚晃一枪来到一片芦苇坑旁，两个女兵紧随过来。她就在芦苇丛中顺利产下一个女孩，她用牙咬断脐带，望着瘦弱的女孩，松了一口气，用衣服裹住孩子。时值深秋，遍地的黄色菊花迎风开放，于是就给女儿取名为杨金花，芦苇坑边安营扎寨的地方便称为孩儿寨。明朝迁民，在此定居沿用此名，一直沿袭至今。

话说当时，穆桂英生产杨金花时，腹中阵阵疼痛，淋漓的淤血从下身滴下来，她用手紧紧地掐着芦苇的叶子，到今天这里的每一片芦苇叶子中间还有她手掐的痕迹。血滴在一种酸菜的叶子上，到今天我们还可见到一种叫“酸不溜”的野菜，其绿色的叶片上只有中间有三点是红的，特别像血迹，甚至连它的根茎也是红色的。到了雨季，芦苇坑里积了水，人们看到水中有红色的小鱼在游动，有人说这是穆桂英流出的淤血块变成的。所有这些传说，反映了人们对穆桂英的敬佩、怀念和神化。

辽兵并不甘心失败，打听到穆桂英真的分娩了，就趁着她身体虚弱，多次进犯。穆桂英因为带着孩子作战不方便，就把孩子寄养在营寨附近的村庄里一户农民家中，这个村庄便取名为放儿寨，后演变为房儿寨。明迁民住在该寨遗址上仍沿用，现在简化为房寨，是镇驻地。

辽兵为了劝降穆桂英，派人秘密查访，企图掠取扬金花为“人质”，穆桂英识破了敌人的奸计，为了婴儿的安全，就把孩子从放儿寨接过来又藏到了另一个村庄，这里的村民因此将村叫藏儿寨。明永乐年间迁民住此寨遗址，盼望常年在这里生儿育女，就起村名常儿寨。

作者简介：牛兰学，笔名耕云读月，中国作家协会会员。现任邯郸市作家协会副主席、河北省散文委员会主任兼《陶山》总编辑。邯郸学院和邯郸职业技术学院客座教授、高级政工师。出版和主编散文集20余部600余万字，多篇散文入选地方中小学语文读本。先后荣获全国冰心散文奖、林非散文奖、首届河北文学奖等。

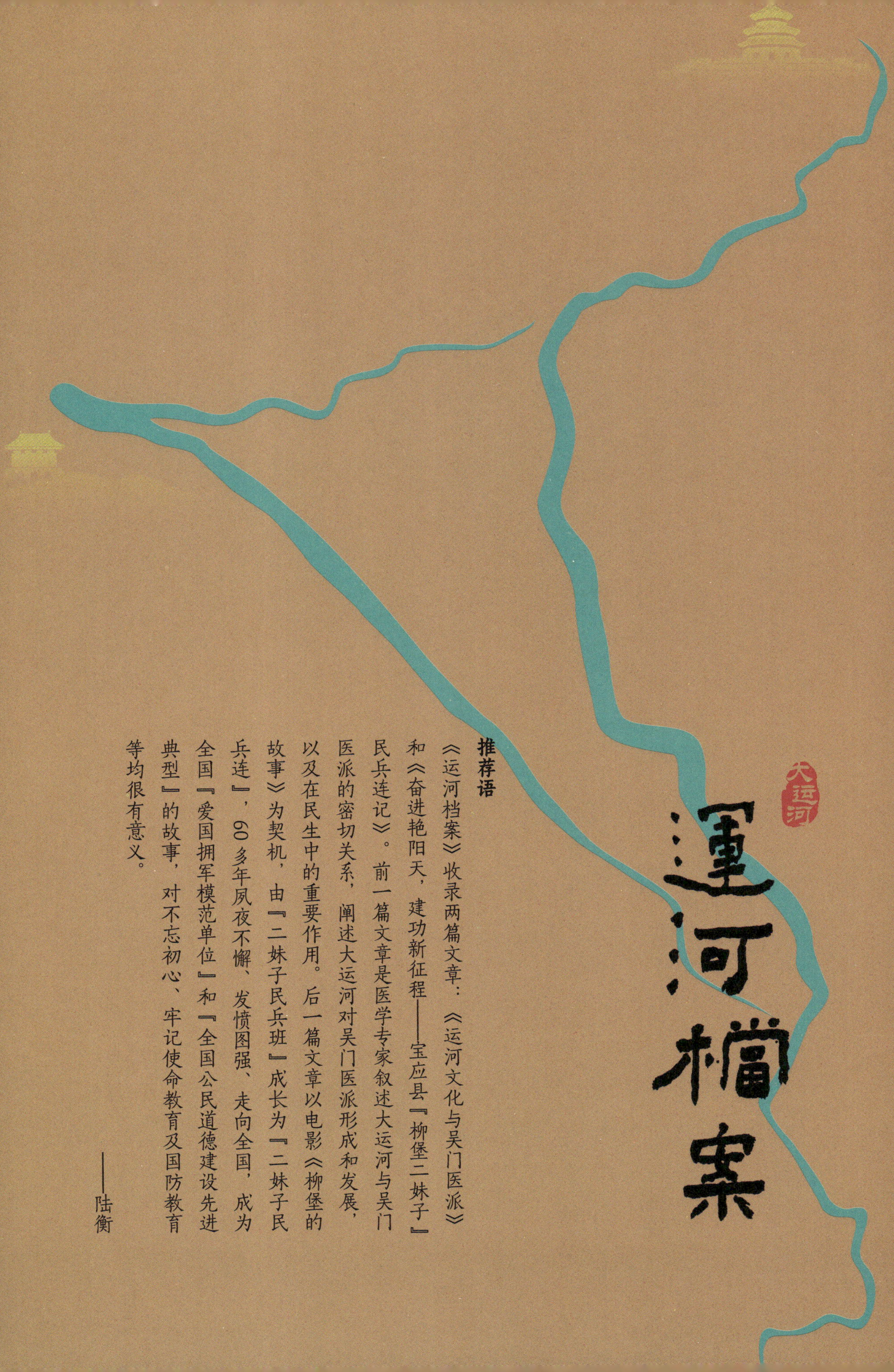

推荐语

《运河档案》收录两篇文章：《运河文化与吴门医派》和《奋进艳阳天，建功新征程——宝应县『柳堡二妹子』民兵连记》。前一篇文章是医学专家叙述大运河与吴门医派的密切关系，阐述大运河对吴门医派形成和发展，以及在民生中的重要作用。后一篇文章以电影《柳堡的故事》为契机，由『二妹子民兵班』成长为『二妹子民兵连』，60多年夙夜不懈、发愤图强、走向全国，成为全国『爱国拥军模范单位』和『全国公民道德建设先进典型』的故事，对不忘初心、牢记使命教育及国防教育等均很有意义。

——陆衡

运河文化与吴门医派

周来恩

581年，隋文帝杨坚结束了中国自西晋以来近300年的割据分裂局面，而隋炀帝杨广为强化南北统一，贯通了京杭大运河。这是隋炀帝出于政治、经济、军事、文化开拓的需要，主要目的：一是统一江山，加强对东南方的统治。二是南粮北调，利用漕运沟通南北经济。三是为平边患筹措军粮，以加强华北地区的经济、军事力量。隋炀帝杨广好南方风俗，整古籍、开科举，延揽江南才子，学江南方言，娶江南女子。这对融合南北文化，构造中华民族的共同心理素质、共同地域认同、共同文化价值具有历史的进步意义。当然隋炀帝也想借运河水道南下考察，顺道旅游娱乐。如“三游江都”，“烟花三月下扬州”赏琼花。

吴门医派的运河文化流脉

大运河是中国古代南北重要的交通纽带之一，大运河将南虞、北夏、良渚文化沟通起来，不仅灌溉了两岸大片膏腴的沃土，更灌溉了南北文化广阔的原野，而姑苏恰好处于京杭大运河的中心位置。自古以来运河上航运繁忙，码头上商贾云集，沿运河的城镇街市水陆两旺，驰誉大江南北。运河给南北农业、文化、艺术、医学等各方面的交流，提供了极大的方便，通过运河的人员交流与货物流动，不仅促进了经济的繁荣，也创造了多元文化的融合。从某种意义上说，运河是古代中国信息的高速公路，其中中医文化得益于运河的滋养，孕育出一代又一代国医大师。

姑苏中医的传承可追溯到公元前770—前221年的春秋战国时期。当时苏州历史地名称吴，至南北朝时期，吴地中易、道、医纠缠不清，如周朝的沈羲、汉朝的负局先生、南朝的顾欢等。作为专业的医学还没有从易学中独立出来。至隋文帝杨广即位，为强化南北统一，开凿了大运河。大运河开通后，北医南渐，北医重脏腑辨证，南医重气血阴阳调理，各医派南北交往，实现了流派互补。如张仲景的伤寒派、刘完素的寒凉派、张元素的易水派、张从正的攻邪派、李杲的脾胃派、朱丹溪的滋阴派、薛己与张介宾的温派、明吴有性和清叶天士的温病派、郑钦安的火神派；流派纷呈，通过运河承载，著述传播，在古城苏州大放异彩。其间宋室南迁，中国的政治、经济、文化中心南移，再次沿运河带来了新的医学知识，促进了吴中医学的发展，先后出现了诊疗坊和中药堂，有了分科门诊，名家辈出，享誉海内外。南宋朝市井坊间有“言医者莫盛于中吴”之说。至元末明初，金元名医朱丹溪门人戴思恭，循运河南下，入吴行医，引领吴门医家博采众长、师古不泥。先后有王宾、盛寅、葛应雷等名医传播中原医学，开吴门医派，一代宗风。至明清时期，吴门医派著书立说，故得以传承。如明末清初的吴有性、清中期的叶天士厘定了温病与伤寒的辨证施治。清末民初，吴门名医先后有徐灵胎、曹沧洲、陆晋笙、汪逢春、马筱岩、承淡安等，均得益于门人弟子的著述遗承。后继者有杂病派顾允石、温病派经绶章。近代西学东渐，受过高等教育，中西医结合，形成的学院派代表人物有李畴人、顾福如。此后吴门中医有葛云彬、黄一峰、钱伯煊、陈明善、金昭文、陈益群、顾大钧、龚正丰、邬振和等名家群星璀璨，是吴中医家群传承运河文化，将吴门中医学术推向高峰，并代代相传，恩泽一方，享誉杏林！

追溯吴门医派的发端、传承，中医在姑苏的发展都离不开运河文化的承载、南北融汇和学术滋养。

吴门医派的历史文化遗承

据西汉司马迁《史记·伍子胥列传》和东汉赵晔《吴越春秋·阖闾内传》记载，公元前515年，吴王阖闾命伍子胥规划建设都城。伍子胥不负吴王阖闾重托，“相土尝水，象天法地”，选址在本来就水网密布的太湖之滨，丘陵与平原之间。这里地质稳固，视野开阔，又便于取石。同时西有湖泊丘陵为屏障，东有平原沃野“鱼米之乡”为依托，进退自如。伍子胥的选址得到了吴王阖闾的御准，于是伍子胥规划按天象地势，设陆门八道，象天之八方来风，开街衢四通八达，又疏浚胥溪、胥浦泾流，北通长江，西接太湖，城内河道设水门八座，法地之卦象爻图，并修水陆御道通行舟楫。至隋炀帝开通大运河，苏州水系与运河贯通，水网密布，沿河民居，粉墙黛瓦，站在城楼眺望，小桥流水，亭台楼阁，绿树掩映，美不胜收。唐朝诗人杜荀鹤在《送人游吴》诗中，对苏州赞美不已，写道：

君到姑苏见，人家尽枕河。
古宫闲地少，水港小桥多。
夜市卖菱藕，春船载绮罗。
遥知未眠月，乡思在渔歌。

杜荀鹤的诗句是一幅描绘吴地苏州古城最雅的水墨画，这都得益于运河水系与城内泾流贯通，从枫桥流入上津桥、下津桥、广济桥，一直流到繁华的石路渡僧桥。古时候的石路，繁花似锦，物华天宝，素有“三吴明清第一街”之称。沿渡僧桥上塘、下塘街巷医馆林立，其中最有名的就是温病学家叶天士的医馆。叶天士故居位于阊门外渡僧桥下塘48号，堂号称“眉寿堂”。叶天士，名桂，号香岩，历康熙、雍正、乾隆三朝，其医术在苏州家喻户晓，有口皆碑。叶天士是中国最早发现猩红热的人，首创温病“卫、气、营、血”辨证施治大纲，为温病的辨证论治开辟了新途径，被尊为温病学派的代表。民国时期吴门医派名家汪逢春（1884—1941年）任国医职业会的会长，筹备创建中医史上第一本专刊《北京医药月刊》。刊物出版后，一时洛阳纸贵，吴门医派，名动京师。20世纪50年代，调入北京的苏州吴门医派名家就有以下数位：

葛云彬，1955年调至北京中医研究院西苑医院骨科。擅长伤科、外科诊治，如治骨折用撬拔法复位，治疗关节脱臼手法轻松灵活。

金昭文，于50年代后期奉调进京，精擅儿科。主治小儿感冒、肺炎、哮喘、疳症、夏季热、性早熟、泄泻、遗尿、盗汗、厌食。

关幼波，1950年参加苏州中医联合诊所，1956年调入北京中医医院。1979年晋升为北京第二医学院教授。曾与北京名医施今墨同堂坐诊，足证其医术之高明。

钱伯煊（1896—1986年），师从清末御医曹沧洲之子曹融甫学习，尤擅妇科。1955年，调入北京中医研究院。

高淑萍，1946年出生于江苏苏州。毕业于北京中医药大学，从事肿瘤科研。

随着时代的进步，中医传承沿运河南北交流，到创建国立院校，设专职教授，这是中医史上一次质的飞跃。吴门医派更是得益于新的中医教学体制，人才辈出。吴门医派的诸多名家在《苏州市志》中都被收录，并有详细的介绍。据《苏州市志》介绍“苏州医疗卫生事业除为本地人民服务，还支持外地。其中葛云彬、金昭文、钱伯煊到北京中医研究院开诊，叶橘泉到南京中医院主持工作。1951年，苏州市有3所医院（苏南军区医院、苏南行署康复医院、苏州市康复医院）先后收治中国人民志愿军伤病员1000多人。1976年，苏州市级医院又收治唐山地震受伤人员529名。1949—1985年，还派出多批医疗队、医务人员援助外国，支持边疆，支持内地，救灾巡回医疗。”

吴门医派的嫡传弟子，苏州著名中西医结合骨伤科专家周才生先后跟随承淡安先生的夫人姜怀琳学习肛肠科，后又跟随承淡安之女承为奋、老中医戚淦学习针灸技术。1979年，周才生又去苏州中医院骨伤科跟随陈送群、邬振和、葛建梁学习中医骨伤科。先在广济桥的北面开了一个小小的医院，出家人来看病不收钱，有需要帮助的穷苦百姓来看病也不收钱，后骨伤科门诊部病人越来越多，搬迁到留园路218号。周才生的经络剑针、腰椎治疗床、治疗骨伤痛的膏方疗效显著，在苏州名声日隆，享誉运河两岸、大江南北，甚至有海外的骨伤科疑难杂症患者，不远万里，前来就诊。世界神探李昌钰为精解刑侦伤案医理，也来苏州与周才生医生切磋交流，并为周才生题写“伟大的中医”。

吴门医派流淌着运河文化的“民为天”之精神境界，流淌着中华民族的文化元素。苏州中医注重兼收并蓄，汲取了养生、阴阳五行等传统医学理论，并加入了名医的经验总结，这种综合的方法，使得苏州中医在临床实践中不仅能够治疗疾病，还可以保障人们的身体健康和养生，通过调整气血营养和精神的平衡，达到治疗疾病和养生的目的，这种独特的养生观念和治疗方法正是运河文化的影响下形成的深深植根于姑苏人民的生活中。如今苏州中医已经发展成为一门完善而绝妙的医学科学。许多疑难杂症在苏州中医的治疗下，取得了显著的疗效，令人惊叹不已。运河文化是苏州中医得以孕育的土壤，同时也是苏州这座城市灿烂文化的名片。在运河的孕育中，苏州人民创造出了非凡的中医文化，为人类的健康和福祉作出了巨大贡献。我们应该倍加珍惜这些传统文化，并将其传承与发扬光大，让更多的人从中受益。让吴门医派的历史文化遗产，流芳千秋。

作者简介：周来恩，吴门医派传人，中医骨伤科专家。

奋进艳阳天，建功新征程

——宝应县“柳堡二妹子”民兵连记

李健风

清朝思想家、文学家龚自珍在《尊史》一文中说：“出乎史，入乎道。欲知大道，必先为史。”我们必须要高度重视、敬畏历史，赓续传统。“究天人之际，通古今之变。”此对于我们个人之理想信念、道德情操的塑造，及国家的治乱兴衰、得失成败，皆意义深远！

柳堡，地处淮安市宝应县之东南，东邻兴化县之沙沟，南接夏集，西依氾水，北连鲁、小[1]。历史悠久，自明朝以来就是一座重要的军事文化中心，拥有许多珍贵的历史文化遗产，其中著名的是柳堡古关，其始建于明初，是江南古关中最宏伟最精美的一座，是明清两代军事防御建筑中的杰作，被誉为“江南古关第一”。至今，柳堡古关仍保存完好！境内，湖光潋滟、河网棋布；荷叶接天，芡实铺玉；田涌碧浪，村耀吉祥；街衢净阔，车水马龙；电工电器、食品加工，弄潮时代，振翅高翔！春光无边，一派兴旺！行于斯土，满目风光，不胜自豪！此钟灵毓秀、人杰地灵为上天所厚爱之土，亦是热血之地、英雄之乡也！

20世纪50年代，随着电影《柳堡的故事》的放映，“柳堡二妹子”民兵班便在“九九艳阳天”深情婉转的旋律中应运而生。其后在党的关怀下，“柳堡二妹

[1] 鲁、小，宝应县鲁垛、小官庄二镇。

子”民兵班，这朵红色的花蕾不断绽放，惊艳岁月；2005年，“柳堡二妹子”模范民兵活动中心建成，是国家AA级旅游景点和青少年国防教育基地；2014年，“柳堡二妹子”民兵班扩编建连；2022年6月，柳堡国防文化园开工建设，2023年竣工，其占地面积56770平方米，总建筑面积18611平方米。其主要分为东西两个区域，西区主要有综合办公楼、联勤楼、会展中心、“柳堡二妹子”民兵连连史馆等；东区主要有军事礼堂、军人服务社、实训楼、室内训练馆以及附属设施等。这是柳堡镇“十四五”发展规划的重要内容，是“四个柳堡”建设的重要组成部分，既为“柳堡二妹子”民兵连进行实战训练、加强队伍建设提供了一个良好的平台，更表明了柳堡镇国防文化教育、双拥模范建设和军民融合发展之工作又向前迈出了坚实的一步。目前“柳堡二妹子”民兵连，有3个排9个班，共有68名女战士，这些在全县公开竞选中选出的女战士，个个素质过硬，作风优良，89.7%以上为大学生、业务骨干。其工作以医疗救护、情报信息、舆情引导为主。

“柳堡二妹子”民兵连，始终不忘使命、勤学苦练、发愤图强、砥砺前行，由一个普通的女民兵班，一步步走向了全国！在地方党委、政府和部队首长的关怀下，每一名女战士，始终践行着“拥军建设做传人、爱国习武做强人、经济建设做能人、精神文明做新人”的铮铮誓言！她们用对党和人民的一片丹心与精进不休的品格，将“柳堡二妹子”民兵连打造成了一张全国知名的亮丽名片，也收获了自己青春的辉煌、自豪与幸福，她们将永远是家乡与祖国的骄傲！

只有蜩与学鸠[1]才满足于榆枋之高，而大鹏则必要图南[2]！每一名“柳堡二妹子”民兵连的女战士，都像“浩浩凌云志，巍巍报国心！”[3]的大鹏！虽然她们本是一滴平凡的水，但她们决意要将自己汇入时代的激流，要将自己变成灿烂、

[1] 蜩与学鸠，《庄子·逍遥游》：“蜩与学鸠笑之曰：‘我决起而飞，抢榆枋而止，时则不至，而控于地而已矣，奚以之九万里而南为？’”蜩与学鸠，指庸俗之辈。

[2] 图南，《庄子·逍遥游》：“故九万里，则风斯在下矣，而后乃今培风；背负青天，而莫之夭阏者，而后乃今将图南。”图南，指雄心壮志或指事业壮伟、前程远大。

[3] 浩浩凌云志，巍巍报国心。——见元代廖毅的诗《伍王庙》。

激情、深刻的音符，要将自己的青春谱写成一部绚丽、昂扬的乐章！因为她们知道：任何伟大的事业都始于梦想，成于信仰，成于实干！而党性，就像雁阵的头雁，有了它，才能飞越千山万水；党性，就像指南针，有了它，才能步伐自信地迈向共产主义的乐土！而能力，是干事业的前提与基础，是驾驭、战胜一切风浪的法宝，有了它，在新征程的路上才能如虎添翼！所以“柳堡二妹子”民兵连始终“坚持政治建连，在固本培元中浇筑‘铁心向党’的连队之魂”；始终“聚焦备战打仗，在兴武强能中砥砺‘敢打必胜’的精兵之剑”，始终“情系国防民生，在新的征程中彰显‘拥军爱民’的巾帼之爱！”孟子云：“生于忧患，死于安乐！”庭院里养不出赤兔马，温室里长不出傲雪松！古人云：“打铁还需自身硬！”“宝剑锋从磨砺出！”为了提升军事素质，“柳堡二妹子”民兵连告别空调房，走上训练场，秉承连队“吃苦不怕苦、吃苦不觉苦、吃苦不叫苦”的优良传统，事事朝着强军目标做，人人盯着强军目标练。2014年正式扩班建连后，“柳堡二妹子”民兵连即赴某野战部队进行了为期一个月的军事化集训；2019年7月，又走进陆军第72集团军某旅进行全封闭驻训。在训练场上，无论是列队、擒敌拳，还是轻武器射击，她们项项过硬；在各类演练中，不管是战术动作、通信保障，还是战场救护，她们样样娴熟。近年来，她们出色地完成了各级组织的紧急拉动演练等重要任务，体能考核合格率达到100%，涌现出了一批军事技能过硬的尖子兵。2023年5月，为再次接受一场生动的爱国主义教育，“柳堡二妹子”民兵连又专程去三军仪仗队进行参观见学，且与天安门国旗护卫队结对共建。

人生只有干出来的壮丽，从没有等出来的辉煌！经过不懈奋斗，已获硕果累累：2001年12月，“柳堡二妹子”民兵连被江苏省委、省政府、省军区联合授予“柳堡二妹子模范民兵班”；先后被团省委、省妇联授予江苏省“新长征突击队标兵”“五四红旗团支部标兵”“江苏省五四红旗团支部”和“三八红旗集体标兵”等荣誉称号。2003年、2006年，又分别被中宣部、总政和民政部确定为全国“爱国拥军模范单位”和“全国公民道德建设先进典型”。而这些耀眼的成绩与光荣，全部来源于“柳堡二妹子”们崇高的党性与对人民由衷的热爱！

常言道："群众的利益无小事，人民的生命重于山！""夫民者，万世之本也。"[1]爱民就是爱党！就是爱国！在抗击疫情的那段最艰巨最关键的日子，"柳堡二妹子"民兵连牢记使命、不忘担当、不惧风险、挺身而出，在大年初二便全员通过各种方式报到归队，随时接受党委、政府抗击新型冠状病毒感染的工作安排。每日准时集结，积极协助村居及有关部门走村入户开展疫情排查，深入群众进行防疫宣传，安定民心、保管防疫所需的重要物资、盘查外来人员车辆、巡查关停指定娱乐场所；同时，心理疏导排的战士们还通过微信、电话、喇叭远距离喊话等方式向确诊病例、密切接触者、居家观察人员等开展心理疏导，及时消除他们对于疫情的恐慌焦虑心理。"柳堡二妹子"民兵连成员之一的镇中心卫生院的护士毛婧婧还主动应征驰援黄石，与湖北人民肝胆相照、并肩作战，为全国抗疫大局贡献了一份柳堡力量！2021年7月20日，河南中北部遭遇了历史罕见的特大暴雨，发生了严重的洪涝灾害，"仁者莫大于爱人[2]！"一方有难，八方支援，这是中华民族的传统美德！当日，女战士朱旦丹便联系宝应蓝天救援队，在第一时间赶赴河南郑州参加支援工作，4天3夜持续奋战，与其他队友共救出了800多人。7月25日，连长施南燕与不顾疲累的朱旦丹，还有周晋妍因河南新乡卫辉市内涝严重、灾情严峻，当即写下请战书，向组织申请支援卫辉市开展抗洪救灾行动。26日晚上9时，一接到上级指令后，"柳堡二妹子"民兵连即联合宝应、扬州蓝天救援队再次整装出征，星夜奔赴卫辉市。27日上午8时，刚一到达卫辉市志愿者休整地，朱旦丹便即抢抓时间，跟随扬州蓝天救援队进入市区内涝地区寻找落单受灾群众；施南燕和周晋妍则在休整地不辞劳苦地装卸救援物资。她们心念众生，遇难即上，始终秉承着"四人四爱"的精神，发扬着革命老区的红色优良传统。她们不是铁人，却以铁的意志不停地奉献着自己的爱！她们是飘扬在这时代精神高地上的一面美艳夺目的红旗！她们个人的光热，虽只是一只萤火虫，

[1] 夫民者，万世之本也。——见西汉贾谊的《新书·大政》。

[2] 仁者莫大于爱人。——见西汉戴圣的《礼记》。

但无数个她们，便汇聚成了一颗爱的太阳！人间有了爱的太阳，就会消融寒冷、战胜灾厄、充满希望！

“大鹏之动，非一羽之轻也；骐骥之速，非一足之功也。”[1] 60多年来，“柳堡二妹子”民兵连之所以能硕果累累、盈车嘉穗，是因为其赢得了人民的信任，得到了人民的支持！而拥军爱民、报效祖国的事业是永无终点的，所以“柳堡二妹子”民兵连将继续依靠人民，一如既往地为人民服务，以人民为天，以人民为其无穷力量的源泉！

忆往昔，风雨兼程，奋斗六十三载，已著一部辉煌大诗篇！

看今朝，精神倍增，甘焚一腔热血，再攀两竿风流新高度！

看今日之柳堡，干部羊续悬鱼[2]、立党为民，群众敢为人先，追梦坚定！追昔探古，源远流长，风流不尽，华章万千，然俱往矣。2023年，“柳堡二妹子”民兵连以党的二十大精神为指导，在宝应县委县政府、县人武部、柳堡镇党委政府的要求下，又制定了“继续提升‘柳堡二妹子’品牌的影响力，与强化全民国防教育、助力地方发展”的更高目标！天高地阔，春风浩荡，艳阳高照，红旗飘扬，“柳堡二妹子”民兵连知道：当不降云帆奔前程，再建新功正当时！

历史是一面镜子，弃之，必迷、必败也；鉴之，则醒、则智，才能开辟未来，赢得新的胜利！

在2023年，“柳堡二妹子”民兵连将继续踔厉奋发，笃行不怠！

既然“柳堡二妹子”民兵连能有汹涌澎湃的过去，也必将会有更加波澜壮阔的明天！

---

[1] 大鹏之动，非一羽之轻也；骐骥之速，非一足之功也。——见东汉王符的《潜夫论·释难》。

[2] 羊续悬鱼，《后汉书·羊续传》：“时（羊续为南阳太守时）权豪之家多尚奢丽，续深疾之，常敝衣薄食，车马羸败。府丞尝献其生鱼，续受而悬于庭；丞后又进之，续乃出前所悬者以杜其意。”羊续悬鱼，比喻为官清廉。

作者简介：李健风，江苏宝应人。出版作品多部，其中长篇小说《蔷薇河畔》获“全国优秀小说”奖，第三届海内外华语“最佳小说”奖。曾被江苏省委宣传部授予“农民文艺之星”称号。

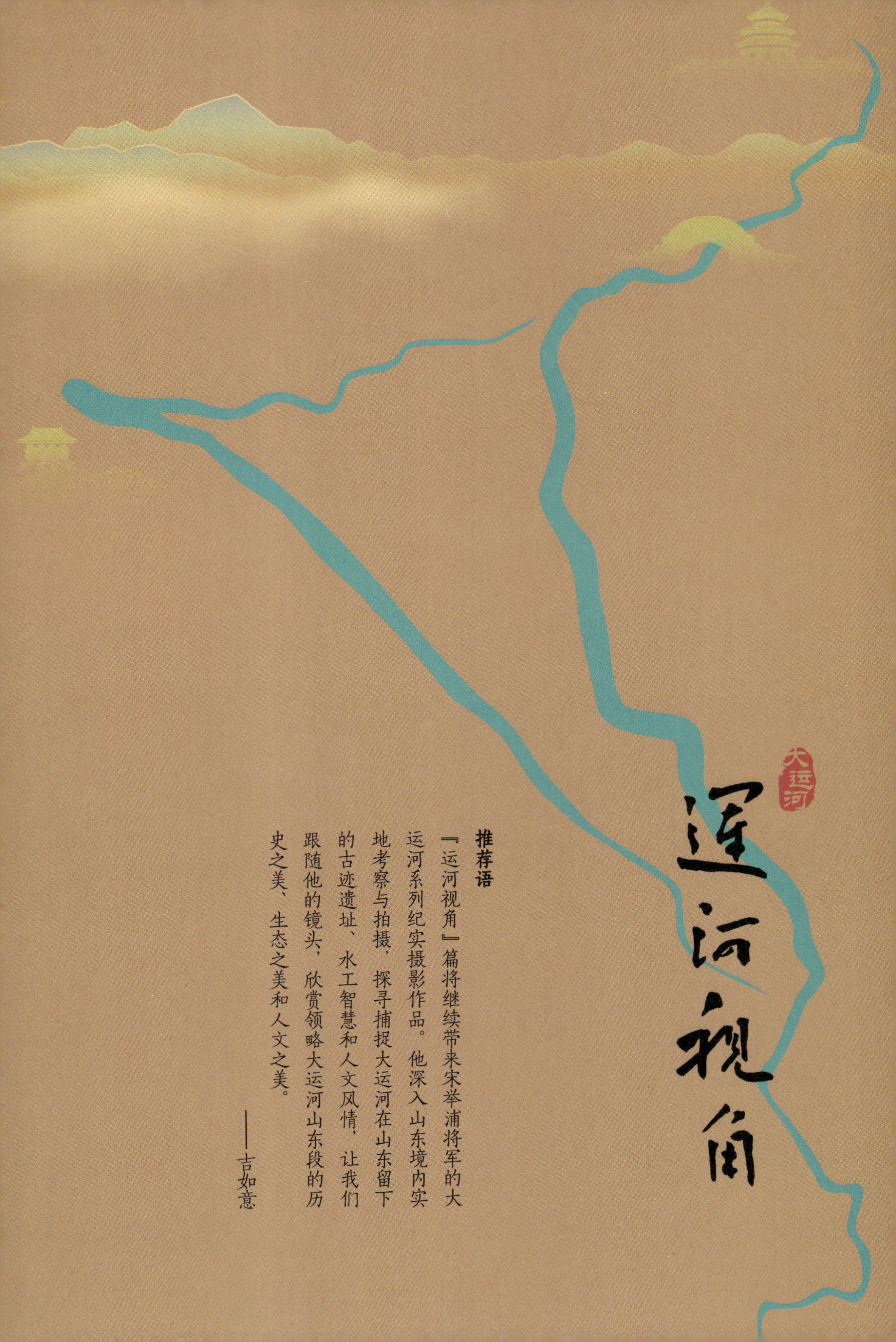

运河视角

推荐语

『运河视角』篇将继续带来宋举浦将军的大运河系列纪实摄影作品。他深入山东境内实地考察与拍摄，探寻捕捉大运河在山东留下的古迹遗址、水工智慧和人文风情，让我们跟随他的镜头，欣赏领略大运河山东段的历史之美、生态之美和人文之美。

——吉如意

大运河山东段掠影（下）

宋举浦

会通河南旺枢纽段（遗产）

南旺是山东省汶上县西南的一个镇，明朝在这里建立了会通河即大运河的枢纽——南旺枢纽。

南旺枢纽以漕运为中心，围绕引水、蓄水、分水、排水四个重要环节，构筑了一批建筑物，入选《世界遗产名录》的就有七处之多，占大运河全部遗产点的近八分之一，是遗产点最集中、最多的一处，也是大运河遗产中两个枢纽级别的工程之一。

当年为什么要在南旺这里建枢纽呢？因为这里是大运河全线海拔位置最高的地方，是“水脊”或“驼峰”。元朝虽然把会通河挖通了，但在这一段经常因缺水而断航。为了解决运河畅通的问题，明朝初年，工部尚书宋礼和水利专家白英经过勘察设计，首先是在距此东北50公里左右的大汶河上构筑戴村坝，把水位抬高，让水从大汶河流进通往南旺的小汶河；再通过在南旺建筑的分水口，按一定比例向南北两个方向给会通河供水。为了精确调配水量，又在南旺南北水道上修建了柳林闸、十里闸、寺前铺闸等节制闸，实现多闸联动控制水量。为了解决全年水量不均的问题还在南旺附近开挖了南旺湖、蜀山湖、马套湖等多处“水柜”，在水柜与运河之间相应的设置了邢通斗门、徐建口斗门，以调控进入水柜的水量。这些举措的落地，最终在南旺形成了一个完整的水运枢纽。现在运河再次改道后，虽然这里已成为遗址，但一点也没有失去当年的宏伟。

这一设计科学、系统完整、规模宏大、高效节约的水源工程，保证了在大运河以后四个多世纪的持续畅通，是名副其实的智慧工程、科技工程、世纪工程。以至于17世纪访问中国的英国使团，在路过南旺时感慨：当时运河的设计者一定是从这个高度统筹全局的。他站在这块地势很高的地方，设计出来这条贯穿南北交通的巨大工程。它计算出从这里到南北两个方向的地势斜度，沿途河流所供给的水源，设计了许多道水闸，同时还估计到由于开闸放船所损失的水量可以由地势比这里更高的汶河的水补充过来，汇流之后分为两个不同方向的支流。正是由于历史上中外水利工程界对南旺枢纽的高度的评价，因而南旺枢纽曾被誉为“北方的都江堰”或“明朝的都江堰”。

大运河山东南旺枢纽

今日与梁济运河相连的小汶河

明朝治河官砖

南旺枢纽许建口斗门

南旺分水龙王庙遗址（遗产）

人们为了纪念这一工程的设计者和组织者，在南旺枢纽分水口处建立了一座以龙王庙为主体，与禹王殿、观音阁、宋公祠相结合的综合性庙宇，占地面积约5.5万平方米。这处遗址是大运河世界文化遗产的遗产点之一。

龙王、观音和禹王，都是古代人们祈求治水造福的神，建在治水工程处是为了寄托人们的期望。宋公祠是当地人们为纪念在督导“引汶济运”治河工程中功勋卓著的，明永乐年间的工部尚书宋礼而建立的，除主殿供奉宋礼的塑像，还在左右两座配殿中供奉了辅助宋礼的济宁同知潘书正和水利专家白英的塑像。战国时在四川，李冰父子带领人们开凿了都江堰水利工程，人们为了缅怀他们在闽江边修建了二王庙。800多年后的明代，人们同样在南旺枢纽旁，为率领人们建筑了“北方的都江堰”有功之臣们树碑立传。

古人在运河建筑治理中的智慧之举和科技结晶，如同源远流长的大运河一样越来越受到人们的敬佩和传扬。

建于南旺枢纽分水口处的龙王庙遗址群

南旺分水口处的龙王庙遗址上恢复的建筑

运河边的古都山东汶上县

汶上的“汶”字指的是汶水，“上”即是北，指北部有汶水。前面我们已经了解到，正是因为引汶河之水在南旺注入南北两个方向的运河河道，才使得会通河及大运河畅通了四个多世纪。但汶上的历史绝不是只有南旺枢纽这一个亮点。汶上作为山东省济宁市的一个县，虽没有同在济宁的兖州（古九州之一）、曲阜（孔子故里）、邹城（孟子故里）的名气那么大，但它也是“三古”之地。

一古，它是春秋战国时期的阚城即鲁下邑，在运河十里闸旁，就埋葬有鲁国的九位国公，称“鲁九公墓”，也被当地人们称“鲁皇林”。

二古，它是被孔子由致密城改名的“中都邑”，也是当年孔子初仕，在此“宰中都”之地。

汶上——中国佛都

三古，它是历史上的古佛都。这里有始建于北魏，后被宋真宗赐名的宝相寺，有出土141件佛骨、佛舍利的太子灵踪塔等。

这些历史文化古迹与运河文化交相辉映，使汶上成为大运河千里文化带上的一处重要节点。

太子灵踪塔

南旺枢纽旁的蚩尤墓

兖州金口坝

金口坝位于山东省济宁市兖州区城东泗水河上。这座坝长123米、宽10米、高2.6米的拦河大坝，始建于北魏延昌三年（514年），因其所处位置重要，坝身石与石之间均以金属扣接而得名。

金口坝

金口坝进入大运河的体系是从元世祖开挖会通河开始的。元世祖至元二十六年（1289年），为了引泗水接济漕河，将金口坝改造成滚水坝，设置了闸门，以便根据季节、水势变化而调控水量水位，使该坝成为保障会通河漕运穿越鲁西“水脊”系统工程的重要组成部分。在宁阳堽城坝龙王庙《造堽城石堰记》碑这样篆刻着（翻译成白话文）：元世祖至元二十六年（1289年），又从安民山开渠到临清，于是在兖州东修筑金口堰，拦住泗水使其流往西南，由济河注入济宁。在兖州北修筑堽城堰，拦住汶水，使其往南流，经洸河流入济宁。汶水下游又修筑戴村坝，拦水使其南流，南到济宁，北到临清。汶水和泗水两条河流都归漕渠。于是，船只往来，畅行无阻，因此给这段运河起名叫“会通河”。石碑上的文字清楚地告诉后人，金石坝同堽城坝、戴村坝一起为引水济运作出了重要的历史贡献。

会通河微山段

会通河微山段指的是位于山东省微山县境内的会通河流经南阳镇的一段，长9公里，是会通河最南的一段，是会通河的南大门。

现在的这段河道处于微山湖的湖面之中，看起来像是湖面上的一处航行水道，但历史上它不是借湖行船，而是名副其实的人工河道。元朝之前，这里还是土肥草美的陆地，后来受地理环境特别是黄河改道的影响，这里才逐渐形成平均水深只有1.5米的湖泊，生活在运河两岸大堤上的人们为了免遭水淹而不断加高河堤，湖涨堤高，这里就变成了远离湖岸的岛，这段陆上运河也就成了湖中运河。

会通河微山段这一充满历史文化的有故事的河道，成为大运河文化遗产中27段遗产河道之一。在这段运河上现保留有两处古闸（南阳闸、利建闸）和一座古镇（南阳镇）。

会通河上停泊的船只

会通河上的古闸之一

山东运河南阳古镇

南阳古镇位于山东省济宁市微山县境内，建在南阳湖中，面积不到2平方公里的南阳岛上的古镇。

年轻的微山县因微山湖而于1953年建立，其70%的面积是微山湖水域，微山湖是山东省第二大湖泊。清朝初期，微山湖水位升高，南阳这片地域才被湖水包围，又因南阳古镇是沿高出湖面的运河河堤而建，所以这一狭长的古镇才没有被水淹没而保留下来。如今，南阳古镇呈现运河古水道居中、街市拥立两旁的景象，是大运河文化带上唯一地处湖中的运河古镇。

这座因运河而兴、因运河大堤而存的古镇，曾是大运河历史上著名的“四大古镇”之一，时有“小济宁”之称。元朝在此建会通河南阳闸，清朝康熙、乾隆皇帝南巡时曾在古镇驻跸，留下了至今盛传不衰的故事。

当年皇帝在曾在这里登岸

建在古镇旁的跨湖大桥

会通古运河穿镇而过

如今“漂”在微山湖上的南阳古镇

微山利建闸

利建闸作为大运河世界文化遗产中58处遗产点之一，位于山东省济宁市微山县南阳镇建闸村，隔湖水北距南阳镇8公里。

利建闸始建于明朝嘉靖年间，清朝乾隆年间重修，是明清两代会通河上重要的节制闸。随着利建闸因会通河微山段的停运而闲置，利建闸从闲置而逐渐成为目前呈现在人们面前的遗址，但它又因保存基本完好，又具有地理环境的独特性而成为游客的向往之地。作为仅有的遗存小而又小的孤岛上的古闸，虽然与岸边近在咫尺，由于既无桥梁又无定时渡船，至今登岛仍十分不便，应该是大运河文化带上最难一见的遗产点。

利建闸标明了会通河的走向

连接利建闸的运河上仍有船只停泊

位于微山县南阳镇建闸村的会通河明朝节治闸——利建闸

中运河台儿庄段

中运河从台儿庄古城中流过

京杭大运河从北向南依次走过了通惠河、北运河、南运河、会通河（鲁运河）等四段，从而进入了第五段——中运河。中运河北起山东省枣庄市台儿庄区与江苏省邳州市交界处，流经台儿庄区、邳州区、新沂市、宿迁市，止于江苏省宿迁市泗阳县与淮安市淮阴区交界处，全长179公里。

中运河历史上主要是漕运航线，后来治理成为行洪、排涝、航道、输水的综合性河道，是南水北调东线输水通道。中运河流经台儿庄区域全长42.5公里，是京杭大运河中唯一东西流向的河道。其中流经台儿庄古城的3公里，俗称“月河”的古河道，被世界旅游组织称为“活着的运河”，是大运河27段河道遗产之一，也是中运河唯一入选的一段河道。

中运河山东台儿庄河道

台儿庄运河遗迹

台儿庄作为运河古城，保留着大量的运河遗迹遗存，尤以明清时期留下的居多。在环绕古城3公里的中运河两岸，现有长度总计1.5公里的古驳岸，有五行码头、郁家码头等13座大大小小的古码头，还有能体现明清运河沿岸居民生活特色的古村庄——纤夫村等。近年，虽然对古镇进行了大规模的整治改造，古城面貌一新，但仍然能在这里看到基本完备的漕运水工设施、基本完整的运河风貌遗存。

古驳岸

台儿庄的运河古码头

運河資訊

推荐语

由大运河文化研究中心牵头举办的『中国作家运河行』活动于 2023 年 7 月和 9 月分别再次启动，作家们分别走进沧州和苏州，与大运河亲密接触。而去年首次活动的成果——《行走大运河》新书首发式在京的成功举办，更是增加了『中国作家运河行』活动品牌的厚重感。由中央网信办指导、沿运河 8 省、直辖市网信办主办的『沿着运河看中国』大型媒体采风活动，第五届大运河文化旅游博览会在苏州开幕，以及系列活动的举办，各地围绕运河开展的众多活动，如大运河文化研究中心举办课题调研座谈、与企业开展联合上党课，在黄河沿线与大运河沿线开展非物质文化遗产交流，运河非物质文化遗产旅游节、运河音乐节、运河慈善征文等各类活动，都在不断拓展大运河文化的巨大空间和更多可能。2026 年世界运河大会将再次在中国举办，正是中国运河文化空间不断拓展的一个注脚。

——杜衡

运河资讯（2023年7月—10月）

“中国作家运河行·走进运河城市”首站在河北沧州启动

2023年7月7日，由中国大地出版传媒集团大运河文化研究中心会同《摄影世界》、《北京周报》、《中国矿业报》、《散文选刊》（下半月）、《海外文摘》杂志、大运河国家文化公园数字云平台和中国自然资源作家协会等共同主办的“中国作家运河行”第二阶段“走进运河城市”活动首站在河北省沧州市正式启动。中国作家协会组织开展的“中国一日·走进中华文明”大型文学主题实践活动也在7日同时举办。

“中国作家运河行·走进沧州”作家合影

中国作家协会第十届全国委员会委员、中国自然资源作家协会主席陈国栋，中国作家协会全国代表大会代表、中国自然资源作家协会副主席、中国大地出版传媒集团大运河文化研究中心首席代表、《中国大运河文化》主编、中国作家运河行组委会执行主任兼秘书长周伟莨，中国自然资源作家协会副主席兼秘书长周习，著名作家、《散文百家》杂志社原社长苗莉，中国作家协会会员、孙犁散文奖获得者贾志红，中国自然资源作家协会影视委员会主任朱梦棣，中国自然资源作家协会驻会作家张艳、皖心，河北作家高丽明等十余位作家参加活动。沧州市第十一届政协副主席、市文联主席梁振刚，中共沧州市委宣传部常务副部长贺治起，沧州市作家协会主席苗笑阳，沧州市作家协会副主席高海涛、吴相艳，副秘书长王晨，沧州市社会科学界联合会副主席王秀云，沧县人大常委会主任董永盛，沧县人大常委会副主任于乐永，中共吴桥县委副书记贾金周，吴桥县委常委、宣传部部长孟凡强以及相关县区领导、有关部门负责人和沧州作家代表也参加活动或陪同采风。

沧州是京杭大运河流经里程最长的城市，也是大运河沿线的重要节点城市。“丰草繁花碧水流，河曲千载济沧州。”大运河从沧州市腹地穿行而过，蜿蜒流淌216公里，给沧州市带来了经济繁荣与旖旎的自然风光，也孕育出了灿烂又独特的地域文化。作家们先后参观了沧州博物馆、河北省南运河河务中心捷地闸所，乘坐游船夜游大运河，并考察了吴桥县大运河和著名的吴桥杂技。两天时间内，作家们顶着骄阳、冒着酷暑深入县区和乡镇采访采风，感受到了大运河沧州段独特的历史底蕴和人文风情。（如意）

大运河文化研究中心再与企业开展联合党课

为进一步深入学习贯彻习近平总书记考察江苏重要讲话精神，2023年7月13

“担当新时代文化使命，赓续大运河历史与文脉”主题党课现场

日，中国大地出版传媒集团大运河文化研究中心、苏州市大运河文化研究会和苏州建融集团有限公司联合开展了一场别开生面的党课宣讲活动。

党课邀请中国大地出版传媒集团大运河文化研究中心首批专家、苏州市文联二级巡视员、苏州大学传媒学院院长、第十五届长江韬奋奖获得者陆玉方以“担当新时代文化使命，赓续大运河历史与文脉”为主题进行了宣讲。

陆玉方围绕习近平总书记江苏考察重要讲话进行了全面深入的解读，回顾总结了习近平总书记近年对大运河文化保护传承与利用的重要指示精神，对全体参会党员干部和员工学习如何更深刻地领会习近平总书记重要讲话精神作出指导。陆玉方在宣讲中指出：“大运河作为贯穿过去、现在和未来的文化纽带，将为浒墅关及运河两岸高质量发展带来强劲的内生动力。赓续大运河历史与文脉，是我们在新时代新的文化使命。”党课结束后，苏州建融集团有限公司党员干部和员工来到大运河畔的浒关大码头，参观桑蚕文化展示馆和绿色技术小镇客厅并听取介绍，亲身感受大运河浒墅关段历史与文化。（小吉）

《行走大运河》新书首发式在京成功举行

《行走大运河》新书首发式揭幕仪式

2023年7月29日，“中国作家运河行”第一阶段活动作品集《行走大运河》新书首发式在中国大地出版传媒集团大地书院举行。“中国作家运河行”活动由中国作家协会领导担任总顾问，中国大地出版传媒集团大运河文化研究中心、《北京周报》杂志社、大运河国家文化公园数字云平台和中国自然资源作家协会等共同主办，32位作家在大运河沿线27个运河城市深入开展采访活动，用文字记录下大运河沿线不同城市独特的运河风景和人文景观。

首发式由中国大地出版传媒集团党委副书记彭健主持。自然资源部总规划师吴海洋，中共中央宣传部文化体制改革和发展办公室副主任、一级巡视员李建臣，中国作家协会社会联络部、权益部主任李晓东，中国自然资源作家协会主席陈国栋，中国大地出版传媒集团总经理陈现宾，自然资源部宣传教育中心党委书记李航，中国测绘科学院党委书记张绍杰，《摄影世界》杂志社社长、总编辑曾星明，中国文联《中国文艺家》杂志社长兼总编辑向阳，中国自然资源作家协会副主席、中国作家运河行组委会执行主任兼秘书长、《行走大运河》主编周伟莨，中国自然资源作家协会副主席、秘书长周习，中国自然资源作家协会副主席、《中国矿业报》总编辑赵腊平，《散文选刊》(下半月)执行主编、《海外文摘》执行主编蒋建伟，中国人民解放军总参谋部军训和兵种部原副政委、摄影家宋举浦，中国地质博物馆原馆长、党委书记贾跃明，《文艺报》《文汇报》《北京日报》《作家文摘》《中国校园文学》《中国旅游报》《中国自然资源报》《中国绿色时报》《中国水利报》《中国妇女报》等媒体，《行走大运河》作者代表陈丽伟、王海滨、张艳、康桥、柴福善、王先桃等一同出席发布会。

十三届全国政协常委、中国作家协会副主席、中国作家运河行组委会总顾问白庚胜，十四届全国政协常委、中国作家协会书记处书记、中国作家运河行组委会名誉主任邱华栋为首发式发来贺信。

《行走大运河》在京首发引起社会各界广泛关注。《文汇报》、《北京日报》、网易、今日头条、学习强国等国内具有影响力的媒体以图文并茂的形式报道了新书首发式，《中国文化报》《中国旅游报》专门发了专业又权威的报道。《中国自然资源报》《中国矿业报》等行业媒体也大篇幅地介绍了首发式及新书的内容。财经媒体《经济观察报》、面向海外的《中外通讯社》中“中国新闻”栏目也发了专稿。(小吉)

“中国作家运河行·走进运河城市”第二站
——走进姑苏

“中国作家运河行·走进姑苏”作家合影

为进一步宣传贯彻习近平总书记视察苏州时在中国大运河文化遗产点平江历史文化街区作业的指示精神，2023年9月3日，由“中国作家运河行”组委会主办，中国大地出版传媒集团大运河文化研究中心承办的“中国作家运河行·走进运河城市”第二站走进了苏州这座历史悠久的运河古城，踏着习近平总书记的足迹在苏州姑苏区采风、采访。

十三届全国政协常委、中国作家协会副主席白庚胜，中国作家协会社会联络部、权益部主任李晓东，中国作家协会第十届全国委员会委员、中国自然资源作家协会主席陈国栋，中国作家运河行常务主任、中国大地出版传媒集团党委副书记彭健，中国自然资源作家协会副主席、中国大地出版传媒集团大运河文化研究中心首席代表、《中国大运河文化》主编、中国作家运河行组委会执行主任兼秘书长周伟茛，自然资源部咨询研究中心特聘咨询委员、江苏省自然资源厅原党组成员、副厅长、巡视员吴震强，著名作家、江苏省作家协会名誉主席范小青，中国自然资源作家协会副主席、诗歌委员会主任、《新华文学》主编胡红拴，中国自然资源作家协会副主席、海南省作家协会原副主席、中宣部“五个一工程”奖获得者杨沐，著名学者、《人民文学》编审、丁玲文学奖散文奖审读委员会主任杨海蒂，中国自然资源作家协会副主席、《中国矿业报》总编辑赵腊平，中国自然资源作家协会副主席、江苏省自然资源厅一级巡视员施建石，江苏省作家协会副主席、《雨花》杂志主编朱辉，《散文选刊》（下半月）执行主编、《海外文摘》执行主编蒋建伟，苏州市文联二级巡视员、苏州大学传媒学院院长、第十五届长江韬奋奖获得者陆玉方，《北京文学》副主编、期刊中心副主任王虹艳，《文艺报》总编室副主任、著名作家李晓晨，中国作家协会会员何南、中国自然资源作协驻会作家张艳等20余位作家参加活动。苏州市委常委、苏州国家历史文化名城保护区党工委书记、姑苏区委书记方文浜会见了采风团一行，并接受了采访。苏州国家历史文化名城保护区党工委委员、姑苏区委常委、宣传部部长李忠，苏州国家历史文化名城保护区党工委委员、姑苏区委常委杨国栋和有关部门负责人陪同采风。

作为中国大运河重要的文化古城，苏州有4条运河故道（山塘河、上塘河、胥江、环古城河）和7个点段（虎丘云岩寺塔、山塘历史街区、盘门、平江历史文化街区、全晋会馆、宝带桥、吴江运河古纤道等）列入申遗名录，苏州也是运河沿线城市中唯一以古城概念申遗的城市。采风团一行首先来到古盘门，先后参观了吴门桥、盘门水陆城门和瑞光塔；随后前往平江历史文化街区，跟随习近平总书记的脚步了解苏州古城保护；最后乘坐画舫行驶在昔日的运河航道，参观两岸古韵今风的城市面貌。此行让作家们充分感受了古韵流苏、千年苏州的精致与柔美。（如意）

大运河文化研究中心举行课题调研座谈会

课题调研座谈会现场

2023年10月19日，中国大地出版传媒集团大运河文化研究中心、苏州市大运河文化研究会举行大运河文化带建设课题调研座谈会。中国自然资源作家协会副主席、中国大地出版传媒集团大运河文化研究中心首席代表、《中国大运河文化》主编周伟莀主持会议。大运河研究中心首批专家、东南大学教授、厦门大学研究员陆衡，大运河研究中心首批专家、江苏省大运河文化带建设研究院苏州分院副院长、苏州市职业大学党委副书记、副校长、江苏省吴文化传承与创新研究中心（苏州市职业大学吴文化研究院）首任院长、研究员刘丹，苏州科技大学环境科学与工程学院党委副书记、副院长、副教授任云高，江苏省社会科学院代表、南京信息工程大学江北新区发展研究院研究员杨良平等出席座谈会。苏州高新区党工委宣传部副部长冯燕芳，苏州高新区文化体育和旅游局副局长周平，苏州浒墅关经济开发区和苏州高新区狮山商务创新区有关负责人等应邀出席会议，共商苏州高新区大运河文化带建设事宜。

2023年年初，经过专家深入研究讨论，大运河研究中心与苏州高新区管委会共同确定，2023年度课题将围绕苏州高新区大运河文化带建设展开，课题由大运河研究中心专家、江苏省政府参事室特约研究员、江苏省社会科学院区域现代化研究院副院长、江苏省城市经济学会副会长、南京信息工程大学江北新区（自贸区）发展研究院执行院长、二级研究员丁宏组织团队牵头开展。

杨良平代表课题组向与会专家和领导汇报了研究课题前期工作的进展情况，并就大运河苏州高新区段运河沿线重点改造建设项目、产能升级现状、综合管理、遗产保护、文化建设等方面问题进行了深入探讨。苏州高新区宣传部、文体旅局及苏州浒墅关经济开发区、苏州高新区狮山商务创新区相关部门领导对有关问题进行交流发言。

针对苏州高新区大运河文化带建设存在的相关问题，与会专家和领导们热烈讨论，集思广益，对运河遗产的保护、运河文化内涵的挖掘、运河文化品牌的打造等方面提出建设性意见，为课题后续工作的深度开展开拓了思路并点明了方向。

周伟苠指出，大运河苏州段文化遗产众多，文化底蕴深厚，在文化带规划、水生态治理、文旅融合、运河沿线区域发展等方向还有许多值得研究的课题，我们要突出重点，抓住关键，积极探索如何在大运河文化保护传承的同时兼顾运河沿线高质量科学发展，推动区域经济、社会可持续发展。未来，大运河研究中心将继续利用丰富的专家团队，积极发挥智库作用，为推动苏州大运河文化带建设走在全国前列贡献智慧和力量。（如意）

综合资讯

1. 京杭大运河杭州段二通道正式通航

2023年7月18日，京杭大运河杭州段二通道正式通航。至此，京杭大运河航道等级达到三级，千吨级船舶可以从山东顺水而下直达杭州，通过二通道进入钱塘江，做到“千里杭州一日达”。京杭大运河杭州段运河二通道全长约26.4公里，其中新开挖航道段约23.4公里。项目自2017年12月开工，于2023年6月全线建成。是国家发展和改革委员会、交通运输部审批的省市重点建设项目，也是浙江省“大项目”建设十大标志性项目、杭州市“5433”现代综合交通大会战水陆空三大枢纽之一，是浙江投资最大的水运项目。京杭大运河杭州段二通道开通后，在不经过杭州市区的情况下，直接进入钱塘江，杭州内河运力将提高40%。（阿文）

2.“沿着大运河看中国”走进江苏

2023年8月13日—16日，“以河为媒——沿着大运河看中国”网上主题宣传江苏段采访活动举行。来自全国20多家媒体走访了扬州、淮安、常州、苏州四座运河城市。在此次“以河为媒——沿着大运河看中国”网上主题宣传江苏段采访活动中，采访团采写的报道生动地展现了大运河江苏段的历史底蕴与蓬勃新貌。相关新闻报道引发网友热议，多次登上微博同城热搜榜，千年运河再次成为热点。“以河为媒——沿着大运河看中国”网上主题宣传由中央网络安全和信息化委员会办公室网络传播局指导，江苏、北京、天津、河北、浙江、安徽、山东、河南等8省（直辖市）网信办主办。（王翟）

3. 黄河流域、大运河沿线非物质文化遗产交流展示周举办

2023年9月8日，“河和之契——2023黄河流域、大运河沿线非物质文化遗产

交流展示周”活动在山东潍坊启动。该活动由文化和旅游部非物质文化遗产司指导，山东省文化和旅游厅、潍坊市人民政府共同主办。此次沿黄河9省（直辖市）非物质文化遗产精品展根据地域分布，以“大河上下、奔流入海”为主题，设置青海、甘肃、四川、宁夏、内蒙古、陕西、山西、河南、山东沿黄河9省（直辖市）及潍坊市10个非物质文化遗产精品展板块，根据各地文化特色与非物质文化遗产资源创意设计展览主题，形象展示不同区域最具代表性的传统文化。大运河沿线省（直辖市）以“锦绣中华、应运而生”为主题，设置山东非物质文化遗产传统织染绣精品展板块，展示相关传统工艺的传承发展现状。（王翟）

4. 中国京杭大运河博物馆焕新升级

2023年9月8日，中国京杭大运河博物馆“微改精提”项目顺利完工并重新开馆试运行，新开放后共展出藏品600余件。中国京杭大运河博物馆是我国最早系统展示大运河历史文化的博物馆，坐落在京杭大运河南端拱宸桥的东岸，展览面积超5000平方米。改造后的中国京杭大运河博物馆主要由《沟通南北：大运河的开凿、变迁与影响》《因河而兴：大运河与杭州城的故事》两个常设特展，以及《运河综保　杭州样板》《千年运河　源正流清》两个专题展组成，共展出藏品600余件，其中多件藏品为首次展出。通过运用多媒体技术，包括扩增强现实（AR）、影像融合等多种投影技术，设计了大量场景，与实物展品一起，来展示大运河的河道工程及技术原理。（阿文）

5. 大运河“喜提”世界遗产大会两项殊荣

2023年9月17日，由联合国教科文组织世界遗产委员会第45届世界遗产大会在沙特阿拉伯首都利雅得召开。会上，2023“全球世界遗产教育创新案例奖”（AWHEIC）正式公布，由江苏省文化和旅游厅、江苏省文物局组织申报的5个案例从全球近百个案例中脱颖而出，其中2项与大运河有关，分别是：“中国大运河之‘大明都水监之运河迷踪’游戏型遗产教育项目”获卓越之星奖，“大运河国家文化公园数字云平台”获得探索之星奖。另外3个获奖项目分别为：“拙政问雅·夜苏博：一场跨越五百年的时空邀约”荣获卓越之星奖，“颗粒归仓——南京城墙遗产保护与活化利用公众参与及教育”“紫金草国际和平学校：守护世界遗产，开展和平教育”获探索之星奖。（文峰）

6. 第五届大运河文化旅游博览会在苏州举办

2023年9月21日—24日，第五届大运河文化旅游博览会（简称运博会）在江苏省苏州举行，国内近90个城市与海外30个国家和地区参展参会，累计近12万人次走进运博会六大主题展。在非物质文化遗产展区里，来自大运河沿线8省（市）的120个非物质文化遗产代表性项目共1000余件作品登场亮相。洛阳的唐三彩瓷娃娃、天津的剪纸、杭州的茶点等令人目不暇接。海外30个国家和地区以文旅资源展示、旅游线路推介、文化艺术交流等为重点，现场展示当地旅游路线、文化艺术作品、手工艺品、食品、文创周边等产品超580种。第五届运博会突出线上展览。线上运博会累计为720多家参展商、160家买家提供线上咨询、交流、预约、配对、交易等服务，线上运博会网上页面累计访问数超6000万次，促进意向交易额达5100万元。本届运博会突出打造休闲消费场景，充分展示数智科技赋能文旅应用体验，通过乡村露营生活节、运河房车音乐节等活动，进一步激发大运河文旅消费潜力。（苏闻）

7. 大运河文化遗产保护传承研讨活动在苏州举办

2023年9月22日，“文明血脉　千古智慧”文旅深度融合发展背景下的大运河文化遗产保护传承研讨活动在江苏苏州举办。研讨活动由文化和旅游部指导，江苏省委宣传部、江苏省文化和旅游厅、苏州市政府共同主办，中国旅游报社承办。活动旨在深入贯彻落实党的二十大精神和习近平总书记关于“保护好、传承好、利用好”大运河文化的重要指示精神，在推进文化和旅游深度融合发展的背景下，围绕助力大运河文化带和大运河国家文化公园建设，深入研讨大运河的文化价值，促进大运河文化遗产保护传承，推动大运河文化在新时代绽放出璀璨光彩。活动期间还发布了“文旅深度融合背景下的大运河传播计划”。（旅报）

8.《中国大运河史诗图卷》在西藏巡展

2023年9月22日至10月27日，《中国大运河史诗图卷》西藏巡展在西藏牦牛博物馆举办。《中国大运河史诗图卷》以江苏省书画家为主创作完成，由名家撰写文字介绍和题记。其中上卷为人物篇，描绘与大运河关系密切的历史人物，通过“春秋争霸，吴凿邗沟”“雄才大略，沟通江浙”“汴河畅通，繁荣京华”“一统天下，南北交融”四篇，着重表现了中国大运河的开凿、发展、西进、通航等历史进程。下卷为山水篇，描绘大运河两岸的山川新貌，通过“北国瑞雪”“中原秋色”“江淮绿野”“吴越花雨”四篇，表现中国大运河沿线四季不同的景致及改革开放以来的新风貌、新气象。此次《中国大运河史诗图卷》在西藏巡展，为苏州、拉萨两地文化交流提供了一个新的平台。（文峰）

9. 宿州市隋唐大运河研究会成立

2023年9月24日，宿州市隋唐大运河研究会（简称研究会）召开成立大会。研究会的成立，是宿州市进一步擦亮“运河古城”城市品牌的重要举措，也是提升大运河文化带标志性城市内涵的重要行动，将极大推进宿州市隋唐大运河文化专业研究，便于梳理大运河与宿州地域文化自身文脉，逐步建成宿州大运河文化带；同时，该研究会将借助这一平台，发挥文化研究的建言功能，将文化研究成果作为促进宿州市发展的良策，用心讲好宿州的运河故事，促进宿州市推进沿河城镇经济社会和文旅事业发展，彰显宿州市独特的文化价值和城市魅力，为宿州市社会经济发展作出贡献。（王翟）

10. 天津大运河最新规划公示

2023年9月25日，天津市规划和自然资源局官网发布《大运河文化带（遗产西青段）专项规划（2021—2035年）》（简称《规划》）（公示稿）公示。大运河在天津西青区境内绵延26.4公里。《规划》对大运河文化带（遗产西青段）的近期建设目标和重点建设项目进行了明确。其近期建设目标：至2025年，基本形成以运河为主体的文化保护与传承格局及向两岸拓展的生态格局。沿岸杨柳青大运河国家文化公园（元宝岛）、艺术院校等重要节点基本建设完成，中北都市产业示范园逐步腾笼换鸟，西营门文旅宜居区加快推进建设。其重点建设项目包括杨柳青古镇段展现大运河历史风貌、呈现时代风采、彰显津沽文化价值，近期重点推进国潮小镇、青少年宫、大运河文化博物馆、传媒学院产学研创基地等项目建设。（阿文）

11. 媒体聚焦“鲁风运河”文旅高质量发展

2023年9月20日，由山东省文化和旅游厅主办的“鲁风运河”文化旅游高质量发展媒体采风活动在济南启动。中央驻山东省和山东省内的10余家主流媒体，将走进山东大运河沿线城市，在德州市德城区、聊城市临清市、泰安市东平县、济宁市汶上县、枣庄市台儿庄区和滕州市，深入挖掘基层地区最具特色的运河文化和旅游高质量发展经验，体验不同的运河风土人情。“鲁风运河”作为宝贵的文化和旅游资源，与黄河文化和旅游在山东叠加，于时空交错中奏响了山东文化和旅游高质量发展的乐章，为山东坚持文化“两创”，提供了诸多可挖掘探寻的资源。（鲁讯）

12. 扬州大运河非遗文化园二期将开工

2023年9月下旬，扬州大运河非遗文化园二期规划建设方案公示结束。根据规划，该项目将于2024年年底建成。该项目是江苏省“十四五”时期文化及相关产业重点项目之一。项目位于扬州运河三湾景区，占地260亩，总建筑面积约10万平方米，其中，地上建筑面积约79475平方米，地下建筑面积约84535平方米，建筑高度6~18.8米，规划建设停车泊位1290个。建筑群既具有古建风韵，也有现代元素，同时采用扬州传统建筑院落式的布设。建筑群内有七里河从中穿越。整个建筑群突出小桥流水，“水街”风韵。（苏讯）

13. 中国大运河非遗旅游大会在无锡开幕

2023年9月27日，“2023中国大运河非遗旅游大会暨惠山泥人文化艺术节”在无锡惠山古镇开幕。大会由文化和旅游部非物质文化遗产司指导，中国非物质文化遗产保护协会、江苏省文化和旅游厅、无锡市政府主办。大会以“畅游甜美运河·乐享非遗之魅”为主题，融合泥人工坊、非遗雅集、非遗美食汇、园林实景锡剧表演、传统戏曲展演等5大板块10项重点活动，旨在深入挖掘、保护、传承和利用好大运河优秀传统文化资源，全维度呈现非物质文化遗产的独特魅力。开幕式上，30名非物质文化遗产代表性传承人和160个非物质文化遗产项目荣获无锡非物质文化遗产传承创新“薪火百匠”和“精品项目”。（苏讯）

14. 通州运河文化节启动

2023年9月30日晚，“2023北京（国际）运河文化节（通州场）”活动在北京城市副中心通州大运河畔启动。本次运河文化节策划了《旌旗·长河》国际运河对话、《锦绣·长河》运河主题非物质文化遗产博物展览、《粉墨·长河》运河主题艺术演出、《印象·长河》运河主题阅读四大主题系列活动。其中，《锦绣·长河》运河主题非物质文化遗产博物展览包括《运河印迹——大运河文化篆刻艺术展》《珠连玉带——运河流域非遗文创艺术展》两个展览。《运河印迹》9月29日至11月15日在大运河森林公园艺境空间美术馆展出，共有百余件篆刻印屏及书法作品亮相。《珠连玉带》9月29日—10月6日在大运河森林公园京杭大运河书院举行，展品包括传统手工艺品、民俗表演道具等。（文峰）

15. 首届大运河音乐节开幕

2023年10月6日，首届大运河音乐节在北京城市副中心通州运河文化广场开幕。开幕演出《潮涌大运河——京津冀三团交响音乐会》中，来自京津冀三地的交响乐团奏响诸多中外名曲，为观众献上了“隔河遥看燃灯塔，碧波相伴听交响”的文化盛宴。其中，演奏了《红旗颂》《红色娘子军》《在希望的田野上》《维也纳森林的故事圆舞曲》等经典曲目。演出在《歌唱祖国》全场大合唱中结束。音乐节现场设置了创意生活市集，包括特色美食、创意饮品、露营休闲、新能源车体验、亲子乐园等区域，吸引市民体验、消费。（文峰）

16.“中国大运河慈善文化征文”活动开始征稿

为进一步弘扬大运河文化，加强大运河文化的保护、传承与利用，传播慈善文化、弘扬慈善精神，2023年10月20日起，由中国自然资源作家协会和中国大地出版传媒集团大运河文化研究中心主办，中国自然资源作家协会散文委员会、苏州市大运河文化研究会和苏州高新区（虎丘区）慈善总会承办的“中国大运河慈善文化征文”活动面向全国开启征稿。时间为1个月。本次征稿活动体裁范围为小说、散文、诗歌。作品内容围绕中国大运河文化、自然生态和慈善人文关怀题材展开，讲述运河两岸的历史变迁、生态风貌和风土人情，挖掘运河沿线慈善故事，体现运河和自然资源交融的文化内涵，弘扬乐善好施、互助友爱、无私奉献的慈善文化内核。（小吉）

17.“沿着大运河看中国”走进北京

2023年10月26日，由北京市委网络安全和信息化委员会办公室组织开展的“以河为媒——沿着大运河看中国”（北京站）网上主题传播活动正式启动，活动一直持续至10月30日。中央重点新闻网站、属地新闻网站、网络大V将沿着大运河探访北京城，充分运用短视频、微动漫等形式，推出手绘长图《运河长卷·北京篇》等新媒体产品，利用海外传播平台，面向世界传播好中国大运河文化，为世界运河文化交流互鉴搭建平台和桥梁。（骆倩雯）

18. 桂林市获2026年世界运河大会举办权

2023年10月26日，2026年世界运河大会举办权宣布仪式在桂林举行。会上，内河航道国际组织主席鲁迪·范德温正式宣布，桂林市获得2026年世界运河大会举办权。世界运河大会是聚焦运河管理和发展的国际会议，在国际上具有很高的知名度和影响力。自1988年起，内河航道国际组织每年在全球各地轮流举办一次世界运河大会。世界运河大会按照欧洲—亚洲—美洲轮流的原则举办，亚洲地区的首次世界运河大会是2012年在中国扬州举行的。据了解，桂林现有灵渠、古桂柳运河两条古运河和正在规划中的湘桂运河。（阿峰）

附　录

中国大运河文化研究中心首批专家简介

○ **孙久文**，全国经济地理研究会会长，中国区域经济学会副会长，中国区域科学协会副会长，中国人民大学应用经济学院教授、博士生导师。教育部马克思主义理论研究与建设工程首席专家（区域经济学），中国人民大学国家发展与战略研究院特聘研究员，自然资源部《全国国土空间规划（2020—2035年）》专家组专家。曾任国务院扶贫开发领导小组专家咨询委员会委员。主持完成国家社科基金重大招标课题3项，重点课题1项，国家自然科学基金管理科学部、地学部项目和北京市社科重大课题多项，以及国家社会基金项目、教育部社科项目、北京市社科基金项目等研究课题50多项。出版教材和专著20多部。曾获国家“五个一工程”奖，多次荣获北京市科学技术奖、科学研究奖、优秀教学成果奖等奖项。

○ **贾跃明**，获国务院政府特殊津贴专家、研究员，自然资源部首席科学传播专家，中国自然科学博物馆学会副理事长，国家古生物化石专家委员会副主任。曾担任中国地质博物馆馆长、党委书记。主持或作为主要骨干开展国家和部委重大（要）课题研究20多项，出版专著20多部，发表论文60多篇。主持开展国土资源可持续发展战略预研究，主持组建国土资源部科普基地管理办公室并任主任，促进和提升了全国国土资源科普基地建设、管理和科普工作水平；主持组建中国自然科学博物馆学（协）会地学（国土资源）博物馆专业委员会，促进和提升了全国相关博物馆之间的交流与合作；主持开展庆祝中国地质博物馆建馆100周年活动，获得习近平总书记书信祝贺。荣获部优秀党员和优秀党务工作者，全国十佳馆长，全国优秀科技工作者等称号；先后荣获国家和省部级科技成果奖8项。

○ **冷宏志，**自然资源领域专家，自然资源部自然资源确权登记局原局长、地籍管理司原司长等。曾在中央委员会办公厅警卫局、中国人民解放军中央警卫团工作。1987年起调国家土地管理局，多年从事土地利用和地籍管理研究。主持多项国家级课题和土地政策的研究，对中国不动产登记和土地、房产、水域、林草的登记确权有独到的研究。在文学、书法、摄影及大运河文化研究领域也有建树。

○ **吴震强，**自然资源部咨询研究中心特邀咨询委员，江苏省自然资源厅原巡视员。多年担任江苏省土地管理局、国土资源厅领导。对土地和自然资源管理有深入的研究，主持和参与江苏省多个土地政策和相关课题研究，多年关注大运河地域经济和文化的研究，熟悉江浙皖大运河地理文化，在大运河研究领域颇有建树。

○ **周伟莨，**作家，文化学者，大运河文化研究专家，高级工程师，研究员。中国作家协会会员，中国自然资源作家协会副主席兼散文委员会主任，中国大地出版传媒集团大运河文化研究中心首席代表，中国土地学会土地文化分会副主任，《中国自然资源散文双年选》主编等。著有散文集《雪泥鸿爪》《天涯屐痕》《书香与禅意》《周末闲话》，摄影集《江山多娇》，策划、主编《大地翰墨》《最美山水绣高新》《绣美新苏州》《非遗之萃》《村落的记忆》《运河之韵》等多部书籍。其散文作品多次获奖和入选各类文集。有作品入选高考题库，并被北京、上海、山东、安徽、江苏等十多个省（直辖市）作为高中联考试题。

○ **吴传玖**，著名作家，文化学者。《中国诗界》主编，《新华文学》总编辑。西藏军区原副政治委员、少将。中国作家协会会员，“中国新诗百年”全球华语诗人诗作评选活动组委会主任兼评委会副主任，出版长中短篇小说、散文、诗歌、报告文学、影视文学、政工读物等著作19部，发表各类文学作品400多万字。曾获得全国及省级以上文学奖多项。有著作被选为“中国现当代文学经典论著”，入选新闻出版总署2012年国家出版基金资助图书项目、入选2007年中国现当代诗歌畅销书排行榜和美国国会图书馆、中国国家图书馆、中国现代文学馆等珍藏。

○ **范小青**，著名作家。曾任江苏作家协会主席、党组书记，现为江苏省作家协会名誉主席，十一届、十二届、十三届全国政协委员，中国作家协会第九届全委会委员。代表作长篇小说《女同志》《赤脚医生万泉和》《香火》《我的名字叫王村》《灭籍记》等，短篇小说《城乡简史》获第四届鲁迅文学奖，长篇小说《城市表情》获第十届全国“五个一工程”奖。获得第三届中国小说学会短篇小说成就奖、第二届林斤澜杰出短篇小说奖、汪曾祺短篇小说奖、第二届吴承恩长篇小说奖、首届东吴文学奖大奖、第四届施耐庵文学奖等。有多种作品翻译到国外。

○ **李建国**，高级记者，美国密苏里大学新闻学院访问学者，《北京周报》总编辑。曾任《今日中国》副总编辑兼今日中国出版社副总编辑，香港和平图书有限公司副总裁兼总编辑（常驻香港），《北京周报》副总编辑兼非洲分社社长，中非传播出版有限公司执行董事、总经理（其间常驻南非）等。先后担任中国期刊协会理事、首都青年记者协会理事、中国环境新闻工作者协会理事、中国对外友好协会中国非洲人民友好协会理事等社会职务。编写或参与编译《中国的书画文化》、《当代散文鉴赏辞典》、《2004：中国事实与数字》、《透视中国问与答2005》、《中国传统建筑艺术》（西文版）、《南水北调工程》（西文版）、《三峡工程》（西文版）等数十部著作。荣获中华全国新闻工作者协会颁发的“从事新闻工作三十年，为社会主义新闻事业作出了积极贡献”的荣誉证书。生在京杭大运河畔，对大运河文化有较深的研究。

○ **曾星明**，摄影文化研究学者。《摄影世界》总编辑，《中国摄影报》原总编辑，中华全国新闻工作者协会理事，中国摄影家协会理事，中国摄影著作权协会理事，中国人像摄影学会理事，中共中央直属机关青年联合会委员。策划“一品国际摄影节”“风景的观看和视觉可能高端论坛”“记忆30年”等摄影学术活动；主编出版了《新风景摄影》《世俗生活风雅颂》《在路上》等摄影图书；出任过中国摄影金像奖、全国摄影艺术展览、中国当代摄影新锐展、中国纪实摄影展、中国创意摄影展、金驹奖世界大学生摄影展、全国人像摄影十杰等影赛的评委。

○ **苗莉**，《散文百家》杂志社社长，邢台市作家协会主席，中国作家协会会员，河北省作家协会理事。著有散文集《风中的飞翔》。散文作品曾多次入选《中国散文年选》《中国散文年度排行榜》《中国年度散文精选》等书籍。曾获得第三届冰心散文奖，散文作品《无雪的寒冬》荣列河北省散文排行榜，2015年荣获中国散文学会编辑贡献奖，2016年荣获河北省散文学会金星编辑奖。曾参加第一届中国大运河文学论坛及第三届中国大运河文学论坛等相关活动。

○ **濮励杰**，教授，博士生导师，美国堪萨斯大学访问学者，德国图宾根大学、明斯特大学客座教授，南京工程学院党委副书记。先后兼任南京大学研究生院副院长，南京大学校长助理，金陵学院院长等。兼任国土资源部土地利用重点实验室客座研究员，国土资源部海岸带开发与保护重点实验室学术带头人；中国自然资源学会副理事长/秘书长、中国自然资源地理专业委员会主任；中国地理学会副秘书长等。先后主持国家自然科学重点基金、面上基金、应急基金以及国家科技项目课题支撑、公益性行业科技项目课题以及省部级项目。发表学术论文200多篇，出版著作7部，参编多部。曾获中国科学院科技进步二等奖、教育部科技进步二等奖、教育部优秀教材二等奖、国土资源部优秀规划成果一等奖、国土资源部科学技术奖二等奖、江苏省科学技术奖三等奖、江苏省测绘地理信息科技进步奖一等奖等，部分成果经鉴定达到国内领先和国际先进水平。入选教育部“跨世纪优秀人才培养计划”，获得第一届全国优秀青年资源科技工作者，第一届全国优秀地理科技工作者，中国自然资源学会先进个人和中国学会与研究生教育学会评估委员会20周年突出贡献奖，2019年获中国地理学会建设突出贡献奖。

○ **陆玉方**，学者，教授，高级记者。苏州市文联二级巡视员，苏州大学传媒学院院长。曾任苏州市文联党组书记，苏州广播电视总台总编辑、总台长，《姑苏晚报》总编辑等，荣获中宣部“四个一批”人才，第十五届长江韬奋奖，江苏省戈公振新闻奖等。

○ **杨海蒂**，著名学者、记者兼节目主持人，《人民文学》编审，中国作家协会会员。兼任文汇出版社《金散文》等多种文丛主编，“观音山杯”当代文学高峰论坛秘书长，丁玲文学奖散文奖审读委员会主任，多个全国文学奖评委。出版文学作品多部。作品曾获丰子恺散文奖、丝路散文奖、孙犁文学奖等多种奖项，部分作品被译介国外、被应用于高考和中考试题。

○ **张建雄**，苏州日报报业集团党委书记、社长，高级记者，苏州大学兼职教授，江苏省有突出贡献中青年专家，戈公振新闻奖得主。从事明清江南文化史、社会史研究，出版有《士风乍起：明清江南士林精神源流的一种解读》《浮世的晚风：还原明清江南士林生活图景》《浮世悲欢：明清笔记小说中的士林冶游生活》等专著，对大运河苏州段历史沿革和文化有深入的研究。

○ **刘士林**，上海交通大学城市科学研究院院长、首席专家、教授、博导，国家社会科学基金重大项目《大运河文化建设研究》首席专家，国家发展和改革委员会“《大运河文化保护传承利用规划纲要》全年实施情况评估和分地区实施绩效评估报告”项目负责人，教育部哲学社会科学发展报告首批建设项目“中国都市化进程年度报告”负责人，中国商业史学会副会长兼中国大运河专业委员会主任委员。主要学术著作有《都市文化原理》《江南诗性文化》《中国脐带——大运河城市群叙事》《人文城市的中国话语和思想历程》等，专著《城市中国之道》译有法文、俄文、英文等版本。参与国家“十三五”及“十四五”规划编制研究工作，主持国家文化消费试点城市指标体系、国家大运河规划纲要实施评估指标体系、国家新型智慧城市与治理现代化框架设计等，多次得到党和国家领导人重要批示。

○ **陆衡**，著名学者，书法家，东南大学教授，厦门大学研究员，江苏省书法院研究部主任，苏州国际文化交流中心理事长，国家一级美术师，中国书法家协会会员。系章太炎再传弟子，曾任古吴轩出版社副总编辑，江苏省国画院院长助理等。精通上古音、文字学，著《正汉字》1000多万字，为“正汉字体系”创始人，其书法作品入选首届中国书法“兰亭奖”、全国第七届中青年书法篆刻展、第六届中国艺术节、近现代书法展等。近几年来从事大运河和吴文化研究，对大运河文化具有较深的造诣。

○ **徐建春**，教授，博士，博士生导师、博士后合作教授，西湖学者。现任浙江工商大学中国土地与城市治理研究院院长，数字政府研究院院长，土地研究所所长。浙江工商大学土地资源管理专业和学科创始人和负责人，国土资源统计学博士点负责人。曾在浙江省社会科学院工作，曾任浙江大学—中国土地勘测规划院东南土地研究中心秘书长。现兼任教育部高校公共管理类学科专业教学指导委员会土地分委会委员、浙江省高校公共管理类学科专业教学指导委员会委员、中国土地学会理事、浙江省徐霞客研究会副会长。曾荣获第六届钱学森城市学金奖，第一届中国出版政府图书奖、全国首届谭其骧院士禹贡基金青年著作奖三等奖、浙江省哲学社会科学优秀成果特别奖和一等奖。主持完成的研究成果多次被自然资源部、国务院农业普查领导小组办公室、国家统计局和江苏省政府采纳。在国内外学术期刊发表学术论文100多篇，出版专著9部，译著1部。

○ **齐德利**，博士，中国地理学会理事、中国地理学会红层与丹霞研究工作组秘书长、中国自然资源学会水资源委员会委员、中国科学探险协会会员，苏州高博软件技术职业学院、贵州安顺学院客座教授。现任中国科学院地理科学与资源研究所地貌室研究人员、中科苏州地理科学与技术研究院党总支书记。主持和参与科技部基础工作专项子课题、国家自然科学基金面上项目、博士后科学基金项目和省市委托项目10多项，发表论文30多篇，参编著作10多部。策划出版了《可爱的中国地理科学绘本》。多次担任中央电视台科教频道《地理·中国》栏目野外探险和考察讲解，在提升公众地理科学素养和研学普及等方面做了大量的实践工作。

○ **董立户**，博士，清华苏州环境创新研究院副院长。曾任江苏省交通运输厅副局长，连云港市生态环境局副局长，连云港市赣榆区副区长等。先后主持和参与科技部863计划项目、国家长江大保护驻点研究项目、全国地级市战略环评国家试点项目等多项研究工作，参与了《国家水污染物排放标准制定技术导则》的制定，发表论文、发明专利十余项。参编清华大学建校100周年系列丛书《平凡彰显伟大——全国劳模中的清华人》《人民公仆——政坛中的清华人》，担任清华大学生态中国领军企业家培养计划课程导师、泸州市新型智库专家组专家。筹建了清华樊登书店，参与了清华大学20余项环境科技成果的产业转化孵化。

○ **刘丹**，苏州市职业大学党委副书记、副校长。江苏省大运河文化带建设研究院苏州分院副院长，苏州市人大常委会立法专家顾问，苏州市职业大学吴文化研究院（江苏省吴文化传承与创新研究中心）首任院长、研究员。目前主要研究方向是吴地文化教育的传承与发展，包括大运河文化研究。近年来，在《苏州大学学报（社会科学版）》等高校学报，《学海》《档案与建设》等核心期刊，《中国社会科学报》等重要报刊发表论文10余篇，其中，《大运河国家文化公园苏州段建设亟须文化引领》一文被江苏省社科院、大运河文化带建设研究院评为2020年度优秀成果奖二等奖。

中国大运河文化研究中心第二批专家简介

○ **李建臣**，作家，文化学者。中共中央宣传部文化体制改革和发展办公室副主任，一级巡视员。中国作家协会会员，中国散文学会会员，中国科普作家协会会员、荣誉理事。

○ **孙若风**，文学博士，高级记者，教授。文化和旅游部科技教育司原司长，曾任《中国文化报》总编辑，兰州市委常委、副市长（挂职）。现任全国旅游标准化技术委员会主任，全国文体康旅装备联盟理事长，武汉大学博导，中国人民大学文化产业研究院特聘研究员。

○ **韩子勇**，中国工艺美术馆（中国非物质文化遗产馆）原馆长，二级研究员，博士生导师。十四届全国政协委员、文化文史与学习委员会委员，中国文联全委会委员，中国作家协会全委会委员，中央文史研究馆特约研究员，中央美术学院理事会副理事长，国家艺术基金专家委员会委员，文化和旅游部“十四五”规划专家委员会委员，国家文化公园专家咨询委员会总协调人（长城组协调人）。曾任新疆维吾尔自治区文化和旅游厅党组书记，中国对外文化集团党委书记、副董事长，国家艺术基金管理中心主任，中国艺术研究院院长、党委书记，中国非物质文化遗产保护中心主任。出版文学评论、文化研究、艺术随笔、诗集等20余种。绘画作品被美术馆和藏家收藏。曾获第二届鲁迅文学奖等奖项。

○ **陈国栋**，中国作家协会全国委员会委员，中国自然资源作家协会主席，《大地文学》主编，中国地质大学（北京）特聘高级研究员。《中国自然资源报》原党委书记、社长，中国行业报协会常务副会长等。1985年开始发表作品，在《人民文学》《中国作家》《黄河》等发表报告文学、散文约150万字。《地球印记》获2022青花郎·人民文学奖“非虚构类作品奖”。

○ **李闽**，江苏省自然资源厅党组成员、副厅长，政协江苏省第十三届委员会委员，江苏省徐霞客研究会理事长。曾任海门市委常委、副市长（挂职），多年从事自然资源管理和研究，近年来从事徐霞客研究和江苏大运河文化研究。

○ **范培松**，苏州大学文学院二级教授，博士生导师，苏州市作家协会名誉主席，享受国务院政府特殊津贴，从事现当代文学研究。著作有《中国散文批评史》、《中国散文史》（上、下卷）、主编《插图本苏州文学通史》（全四册）、《中国文学通典·散文通典》等，散文《南溪水》，以及《范培松文集》。曾多次获国家及省级大奖。

○ **徐则臣**，《人民文学》杂志社副主编，中国文联第十一届全国委员会委员。著有《北上》《耶路撒冷》《王城如海》《跑步穿过中关村》《如果大雪封门》《北京西郊故事集》等。曾获鲁迅文学奖、老舍文学奖、“中国好书”奖等，2019年长篇小说《北上》获第十届茅盾文学奖。部分作品被译为英语、法语、德语、意大利语等20个语种。对大运河文化有深入研究，曾参加中央电视台大型文化节目《行走大运河》的拍摄。

○ **顾龙友**，国家自然资源督察南京局原巡视员兼副局长，曾任中国国土资源报社总编辑等。现为自然资源部咨询研究中心专家、中国自然资源摄影家协会副主席。先后发表各类新闻作品 2000 余篇，其中30余篇获国家级、省部级新闻奖。著有《顾世潮评——新时代人生哲学随笔三百篇》（上、下卷）、《土地管理与调查研究》。曾获“全国优秀新闻工作者”称号。

○ **郭越**，北京城市发展研究院大运河创意经济研究中心主任，奥林匹克体育产业中心主任，中国民族文化艺术基金会专家，中国应急救援人员关爱和矿山尘肺病防治基金会健康中国爱心基金副主任，中华儿童文化艺术促进会青少年健康科技教育委员会副会长，中国医学装备协会中医装备分会副秘书长。

○ **丁宏**，江苏省政府参事室特约研究员、江苏省城市经济学会副会长，南京信息工程大学江北新区发展研究院执行院长、二级研究员，江苏汇鸿国际集团股份有限公司独立董事。南京大学应用社会学博士，韩国东亚大学访问学者。江苏省青年联合会第十届、第十一届委员。中国（江苏）自由贸易试验区方案主要起草者，江苏省政府指定的社会主义现代化建设试点指导专家。先后主持多项国家、省部级课题研究；在CSSCI及《光明日报》《经济日报》等发表文章80余篇。

其研究成果获得江苏省哲学社会科学优秀成果奖一等奖、二等奖，及其他省部级奖项多次。

○ **姜师立，**扬州市文联党组书记、主席，中国文物学会大运河专委会副秘书长、扬州大学兼职教授、中国大运河研究院研究员。曾任大运河联合申报世界文化遗产办公室副主任，对运河文化有较深的研究。出版《京杭大运河历史文化及发展》《中国大运河百问》《中国大运河遗产》《中国大运河·扬州》《中国大运河人物》《大运河文化的传承与创新》《运河王朝》《阅读大运河》《传奇中国·大运河》《“大运河人物”故事丛书》等多部专著。参与多个国家和省部级科研课题研究，获江苏省哲学社会科学成果奖、钱学奖城市学金奖提名奖。

○ **连建华，**西交利物浦大学科学技术与创造力研究中心主任，教育部基础教育实验室建设与实验教学研究中心研究员，加州大学洛杉矶分校苏州先进技术研究院高级特聘顾问。北京一土教育特聘资深顾问、管理合伙人，全球高等教育研究机构QS全球战略高级顾问，江苏省高等学校教育技术研究会专家委员会专家。中国（苏州）国际品牌博览会专家顾问，《中国现代教育装备》杂志社编委会副主任，《实验教学与仪器》杂志社编委会副主任，网易有道教育数字化战略顾问。